中国文化知识文库

中国古代名将

徐潜/主编
张克 崔博华/副主编
王军亮 袁耀龙/编著

吉林出版集团
吉林文史出版社

图书在版编目（CIP）数据

中国古代名将 / 徐潜主编 . —长春：吉林文史出版社，2013.3（2025.11重印）

ISBN 978-7-5472-1507-4

Ⅰ.①中…　Ⅱ.①徐…　Ⅲ.①军事人物-生平事迹-中国-古代-通俗读物　Ⅳ.①K825.2

中国版本图书馆 CIP 数据核字（2013）第 062844 号

中国古代名将

ZHONGGUO GUDAI MINGJIANG

主　　编　徐　潜
副 主 编　张　克　崔博华
责任编辑　崔博华
装帧设计　映象视觉
出版发行　吉林文史出版社有限责任公司
地　　址　长春市福祉大路 5788 号
印　　刷　唐山富达印务有限公司
版　　次　2013 年 3 月第 1 版
印　　次　2025 年 11月第 5 次印刷
开　　本　720mm×1000mm　1/16
印　　张　10
字　　数　250 千
书　　号　ISBN978-7-5472-1507-4
定　　价　68.00 元

序　言

民族的复兴离不开文化的繁荣，文化的繁荣离不开对既有文化传统的继承和普及。这套《中国文化知识文库》就是基于对中国文化传统的继承和普及而策划的。我们想通过这套图书把具有悠久历史和灿烂辉煌的中国文化展示出来，让具有初中以上文化水平的读者能够全面深入地了解中国的历史和文化，为我们今天振兴民族文化，创新当代文明树立自信心和责任感。

其实，中国文化与世界其他各民族的文化一样，都是一个庞大而复杂的“综合体”，是一种长期积淀的文明结晶。就像手心和手背一样，我们今天想要的和不想要的都交融在一起。我们想通过这套书，把那些文化中的闪光点凸现出来，为今天的社会主义精神文明建设提供有价值的营养。做好对传统文化的扬弃是每一个发展中的民族首先要正视的一个课题，我们希望这套文库能在这方面有所作为。

在这套以知识点为话题的图书中，我们力争做到图文并茂，介绍全面，语言通俗，雅俗共赏。让它可读、可赏、可藏、可赠。吉林文史出版社做书的准则是“使人崇高，使人聪明”，这也是我们做这套书所遵循的。做得不足之处，也请读者批评指正。

编　者

2012年12月

目　录

悲剧英雄——项羽

西楚霸王项羽自幼立下雄心壮志要称霸天下。他勇猛无比，指挥有方，一生身经百战，胜多败少。他破釜沉舟，摧毁秦军主力，夺彭城、战荥阳，同刘邦争霸天下、逐鹿中原，他的霸业雄风至今令人称道。然而，他却是一个悲剧英雄。他自矜功伐，自大虚荣，做事没有原则性，优柔寡断，缺乏远见，谋事不深，迂腐呆板，凶狠残暴，滥杀无辜，这样的性格破坏了他的优势。以至于项羽最终自刎于乌江，最终酿成了历史悲剧。

一、少怀壮志兵起江东

力拔山兮气盖世，
时不利兮骓不逝。
骓不逝兮可奈何，
虞兮虞兮奈若何！

——西楚霸王项羽

历史总是在时间的变迁中不停地变化着，历史中的人物也在不同的时期扮演着特殊的角色。当西楚霸王项羽登上中国历史舞台的时候，他不断地演绎着自己。他曾经是一个叱咤风云、撼天动地的英雄。少年时期，他就立下雄心壮志要得到天下。他勇猛无比，指挥有方，一生身经百战，胜多败少。他曾亲率两万精兵渡过漳河，破釜沉舟，向秦军发起进攻，一举摧毁秦军主力。此后，他夺彭城、战荥阳，同刘邦争霸天下、逐鹿中原，他的霸业雄风至今令人称道。

然而，他却是一个悲剧英雄。他自矜功伐，自大虚荣，做事缺乏原则性，优柔寡断，缺乏远见，谋事不深，迂腐呆板，凶狠残暴，滥杀无辜，这样的性格使他成了孤家寡人，破坏了他的优势，以至于在乌江自刎，最终酿成了历史悲剧。

死则死矣，项羽为我们留下了许多美好的故事，让我们去欣赏，去品味。

（一）贵族世家

公元前 232 年（秦王嬴政十五年），楚国下相的一个项氏贵族家中传来了婴

儿的哭声，一个男婴出世了。男婴的头大而圆，脸黑而阔，前额突出，口大唇厚，一副非凡之相。他就是历史上有名的项羽。

项羽，名籍，字羽，由于他自立为西楚霸王，后来人们都称他为楚霸王。项羽出身于楚国一个贵族家庭中，项氏家族世世代代在楚国做将军。因为楚王给他们家族的封地在项这个地方，所以他们就把这个地方的名称作为他们家族的族姓。项氏的家谱上名将辈出，且个个武功盖世，项氏家族因此为荣。

项羽的祖父项燕是名满楚国的将领，项燕作为一名朝廷大将，负有保家卫国的重任，所以他平时不能在家。当时，被称作是“虎狼之国”的秦国对楚国的危害最大。秦国在商鞅变法以后，国富兵强，于是开始了向东扩张，给东方六国造成了严重的威胁。魏、楚、齐等国先后大败于秦军。秦王嬴政加冕亲政后，采用李斯、尉缭等人之策，积极准备统一天下的大业。面对秦国咄咄逼人的嚣张气焰，楚王加强了戒备，项燕因此难得与家人团聚。

一天，秦王嬴政派老将王翦率六十万大军攻打楚国，项燕兵败被围，战死沙场。项燕的死，不但令楚国失去了万里长城，难以抵挡秦国的进攻，而且也导致项氏家族失去了参天大树，在楚国的地位一落千丈。随着楚国为秦国所灭，项氏家族极不情愿地离开了他们世代所居住的地方，为躲避仇家的追杀而四处漂泊。对于项氏家族来说，国恨家仇是统一的。他们与秦国有着不共戴天的仇恨，一直寻找机会进行报复。

此时在项氏家族中，最优秀的人物莫过于项梁。当楚国还没有灭亡，项氏家族还有地位的时候，他并不是一个惹人注意的人物。项羽的父母双亡后，项梁收养了项羽。楚国灭亡后，他带着项羽逃亡到会稽，这时，才第一次展示了他的交际才能，作为一个来历不明的外乡人，他在会稽不但站住了脚，而且他还逐渐地成为当地士大夫的领袖。当地名门望族中有婚丧大事时，还会请他来主持、操办。不久，项梁很快拥有了名誉和地位。

项梁很有理想，他要凭自己的能力，恢复楚国和项氏家族昔日的荣

耀。他时刻都在为项氏的东山再起做着准备。项梁首先着手准备的就是招贤纳士。他在每次帮人家主办婚事的时候，都暗中以兵法原则给个人分配任务，以此来考查每个人的办事能力。这样，他就能知道谁能担任什么样的任务。

在项梁起兵反秦后，曾经有一个朋友抱怨项梁没有给他官职做，项梁当即指出他的办事能力不行。在一次丧葬中曾经交给他的事情，他竟不能处理圆满，所以不敢给其官职。那人听罢，惭愧而去。

（二）少年壮志

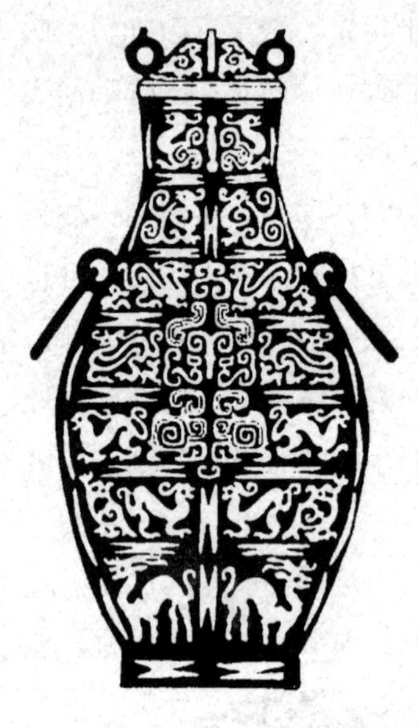

项羽儿时便与众不同，他生得壮实而好动，很早就学会了说话和走路。他有着充沛的精力，他的力气比同龄的孩子大许多，能搬很重的东西。他性格古怪，时而憨厚温顺，时而暴躁任性。他要做的事情要是不依他，他就会大吵大闹，有时还会将他喜爱的玩物弄坏。看护他的乳母经常抱怨项羽不听话，说他就像一匹很难驯服的野马。他的父母担心他不知什么时候会闯祸，而他的祖父项燕对项羽无拘无束的玩耍、目空一切的吵闹，却抱有积极的看法，认为他的孙子天生一副豪迈勇武的气质，长大了必定会是一员猛将。项羽在他祖父和父母的宠爱下过着无忧无虑的生活，良好的家庭环境使他长得十分健壮，发育甚好。

项羽的童年并不都是美好的，就在他刚刚懂事的时候，社会发生了巨变。他的家道开始没落，他的父母相继去世，项羽成了孤儿。他的叔父项梁收养了他。项梁是一个国家意识极强的人，他经常给小项羽讲楚国的历史文化，讲楚怀王的英雄事迹。男儿大都敬仰英雄，崇尚勇武，小项羽更是如此。

公元前 225 年，项羽 8 岁了。叔父对他的教育使他懂得了很多事情。他不再沉迷于游戏和玩耍，而是对外面的事物产生了好奇心。他饶有兴趣地向叔父问这问那，包括兵戎大事、名臣贤相、勇士良将等等，仿佛他已经长大，而不再是个孩子了。

公元前221年，秦始皇统一中国，这一年，项梁开始教项羽学习写字，但他不用心学习，刚认识几个字就不爱学习了，半途而废。于是项梁又教他习武，同样还是没有练好。项梁对此非常生气，他十分失望地训斥项羽。项羽却不以为然，他为自己辩解道："学写字有什么用，只不过记忆姓名而已！学剑术又有什么用，最多也只能战胜一个对手而已，不值得学，要学就学那种能够战胜成千上万人的真本领。"项梁听项羽这么一说，很庆幸自己终于有了一个合适的接班人。于是，他开始教项羽学习兵法。项梁先给他讲《孙子兵法》，再讲《吴子兵法》《孙膑兵法》《司马法》。

项羽初学兵法时，兴致勃勃，日夜用心思量，但很快就对兵法也失去了兴趣：学《吴子兵法》时，渐生厌倦情绪；学《孙膑兵法》时，思想经常开小差；到了学《司马法》时，竟然在听讲时睡着了。这一下项梁大怒，自己这个侄子夸口要学万人敌，才学了个头，仅知道个皮毛，又要半途而废。他严肃地批评项羽说："为何言行不一，有始无终？"项羽说："战场之上，瞬息万变，运用之妙，存乎一心。《孙膑兵法》讲战阵、用骑兵，只讲常法，不知变通。《吴子兵法》大讲'内修文德'，根本不利于实际作战。"其实他对兵法也是所知不深，不愿深入学习罢了。

项羽23岁那年，随叔父项梁来到会稽郡的钱塘县，对越地的风土人情和山川形势进行考察，恰逢秦始皇最后一次出巡。始皇帝二十七年冬天，秦始皇抵达会稽郡，登会稽山，祭禹王庙。项氏叔侄在钱塘县正好看到秦始皇的出巡队伍，车驾扈从绵延数里，卫队气势如虹，旌旗鲜艳华美，异常威武。围观的人们都对天子威仪赞不绝口，只有项羽对叔父说："瞧!他虽然是个皇帝，依我看，却可由我取而代之呢！秦始皇能威风凛凛地当皇帝，为什么我项羽就不能呢？"

项梁听了大惊失色，赶紧捂住项羽的嘴巴："休得胡言，如果被听见的话，我们要被株连九族的。"项羽说话时声音很轻，但项梁却觉得声如洪钟，项羽如此不知天高地厚，竟敢在这种场合说出

这等大话，实在出人意料。项梁的脸色有点苍白，不安地打量周围的人群。幸好，人们为皇帝的庞大出巡队伍所吸引，根本没有人注意项羽的话。项梁发现周围一切正常，这才松了一口气，面带愠色，对项羽的胆大妄为很是不满。

从表面上看，项梁似怒气冲天，疾言厉色地斥责项羽的胡言乱语。但是，这其实是他的伪装，因为他担心项羽年少轻狂，口不择言，不分场合地在他人面前泄露了自己的抱负，以致惹出大祸，那就因小失大了。他在心底对侄儿项羽的远大志向——胸襟、魄力和抱负，都远在其祖项燕之上而惊奇不已。他在心里想：“苍天有眼，令我们项家后代中出此奇才！复兴项氏、复兴楚国，引导天下推翻暴秦的大业，看来要由侄儿项羽来完成了。”

当时项羽年已逾弱冠，身高八尺，目光炯炯，力大无比。项梁见侄儿本领过人，料到他定可以出人头地，所以项梁积蓄大志，私铸兵器，等待时机。

（三）血溅会稽

秦二世的残暴统治激发了农民起义，其中最有名的便是陈胜、吴广起义。陈胜、吴广领导的大泽乡起义，带动了各地风起云涌的反秦斗争，发展之快令人难以置信。而另一支由周文率领的起义军向西进发，攻破函谷关，给咸阳造成兵临城下之势，产生了极大的影响。大秦帝国的根基已经开始动摇。“时势造英雄”，天下各地豪杰都想取秦而代之。此时，江南虽尚未卷入战争，但江南各地都已有蠢蠢欲动之势。

公元前 209 年 9 月，吴中的父老们相继会见会稽太守殷通。请求殷通立刻征集兵士，进行扩军，以防御各地叛军骚扰本郡，维护社会治安。殷通感到有些为难，因为地方郡守没有职权变更地方守军的编制，其中包括兵员定额，均

要服从中央部署。如果他擅自扩军，便会招来杀身之祸。

父老乡亲们都力劝殷通打破朝廷所规定的制度，说道："起义大军已经攻破函谷关，大秦帝国已如日薄西山，如今天下大乱，群雄并起，纷纷称王称帝。会稽郡管辖二十六县，户数多达二十二万三千余户，人口一百零三万，乃天府之国，各地叛军必欲图之。如果不加强防守，一旦被叛军攻陷，百姓一定深受其苦，太守则难辞其咎。即便当时能幸免，但事后朝廷追究起来，根据秦律处罚，仍会招致灭门之祸，希望郡守三思啊！"

殷通听了乡亲们的话，心里为之一震，但当时仍不露声色，规劝他们暂且回去，事关重大，需要深思熟虑。乡亲们也认为应该从长计议，便陆续离开了。

吴中父老离去以后，殷通在内堂独自一人踱步，考虑下一步该如何是好。他思前想后，认为自己在官场上还算得势，玩权术、耍手腕都不在他人之下，但是他却完全不懂兵法。如今要扩军领兵，最佳人选自然是项梁。项燕深得民心，项梁本人也才干非凡，关中士大夫的领袖非他莫属。但此人并非池中之物，万一掌握兵权，能否听命于他还很难说。这件事到底如何是好呢？令人头痛，难以抉择。于是，太守派人请项梁前来商议。

项梁奉召而来，拜见太守，殷通下座相迎，并且把他带到密室，小声对他说："现在江西各地都已经起来造反了，这也许是到了上天要灭掉秦国的时候。我听说过这样的话，做事情要先发制人，后发则会为人所制，我打算乘机举事，发兵攻打秦，不知项梁兄意下如何？"

项梁正有此意，立刻笑颜相答，表示支持。殷通说："行兵打仗要先选择将领，当今将才，非您莫属。还有勇士桓楚，也是可用之才，但他现逃亡在外，不在此地，真是可惜！"

项梁答道："项羽与桓楚交情很好，桓楚在逃，除了我的侄儿项羽之外，没有人知道他躲藏在什么地方，如果能召桓楚前来，那真是如虎添翼，大事可图！"

殷通很高兴地说："既然侄儿项羽知道桓楚的行踪，还要有劳他出面相请。"项梁又说道："明天就让项羽前来，听您的号令。"说完，便起身告辞。

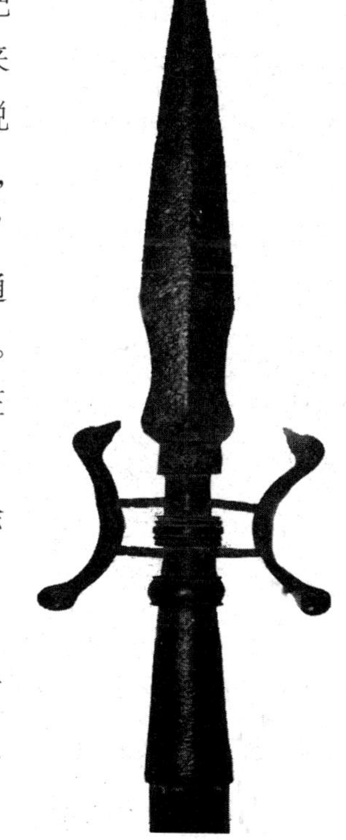

项梁回到家中，私下与项羽详细商议，项羽一一记下。

第二天清晨，项梁告诉项羽装束妥当，暗藏利剑，一同前往。到了郡衙，让项羽在门外等待，并嘱咐道："不得有误!"项羽点头答应。项梁于是拜见郡守殷通，报称侄儿已到，听候公命。殷通道："他在什么地方?"项梁回答道："侄儿在门外，没有您的命令，他不敢进入。"殷通听后，赶紧命人叫项羽进来。殷通见项羽身材高大，形貌威武，顿生好感，于是对项梁说："好一位壮士，真不愧为项君的侄儿。"之后问项羽："你知道桓楚在哪里吗?""知道。"项羽回答。殷通说："很好，我命你去召桓楚，你立刻动身，不要耽搁!"项梁这时给项羽使了一个眼色，说："你可以出发了!"项羽这时拔出剑来，只见一道白光闪过，殷通已身首异处。

府上人看到项羽杀了太守，立刻大乱，项梁爷俩没走几步，就有许多手持兵器的武士拦住他们。项羽看来人不过数百，不屑一顾，一声吆喝，挥剑飞舞，便有好几个头颅应声落地。众人不敢接近项羽，相继后退，没有人敢试他的剑。项羽干脆大显身手，又将几十人杀死，其他人吓得落荒而逃。府中文吏，胆战心惊，都躲在别室中不敢出来。还是项梁把他们叫出来，安抚一番，共同议事。项梁说之所以把太守除去是因为秦朝残暴，郡守贪横，杀之以图大计。众人个个心慌，不敢说一个"不"字，应声附和，以保性命。项梁又召集城中父老，说明大意，父老等不敢反抗，答应效力。

全城已定，任命官吏。项梁自封为将军兼会稽郡守，项羽为偏将。这样，会稽郡在项梁的领导下独立了。之后，他们开始张贴告示征集士兵，又拜访当地豪士，或任命为校尉，或任命为侯、司马。项梁派项羽出去招安，人人都敬畏他的英名，纷纷投奔于他，项羽共收得八千士卒，这八千人，就是历史上著名的江东八千子弟。

那年项羽 24 岁，领导八千子弟，异常威风。

二、渡江攻秦拥立怀王

（一）项氏汇兵

项梁、项羽在吴中起事后，迅速平定了会稽郡全境及其附近地区。但是，他尚未自立为王，而是先出任会稽郡守，随后又自封武信君。

项梁没有打出复楚的旗号。他想，只有越过长江，抵达江淮地区，复楚的号召才能有人响应。但是，陈胜已经在那里建国称王，国号张楚。陈王的势力发展迅速，占据函谷关以东、大江以北的辽阔地区。项梁假如领军渡江，便会侵犯其势力范围，只能导致双方交战，而各路义军此时都追随陈王。如果交战，自己会大大处于不利之地。因此，虽然项梁有心逐鹿中原，但从目前这种情况看，还不宜越过长江。

但是召平的到来却改变了这种局势。召平是广陵人，陈胜称王后，他追随陈王，做了一名裨将，奉命攻打广陵。广陵城防守坚固，城内兵多粮足，召平围城多日，仍未攻克。这时，传来陈王被章邯大军打败的消息，形势每况愈下，又听探子报告章邯大军即将兵临城下，到时内外夹击，不禁心急如焚。

召平心烦意乱，走出营帐，心想：既然现在无法在江北立足，我何不转战江南呢？江南乃是富饶的鱼米之乡，据说项梁在吴中举事，已经占领会稽郡及其附近地区，整个江南都是他的势力范围。他曾派人向陈王表示愿意效忠。我不如托陈王之命，过江请兵，带项梁的军队过江，凭借这支力量来对抗秦军。

召平下定了决心。他一面命令部队继续围攻广陵，以防守城秦军起疑出城反击，一面率领一百名士卒，向吴中进发。

当召平的队伍登陆京口后，项梁、项羽很快就知

道了。项羽年少气盛，闻讯怒不可遏，他对项梁说道：“江东是我们的地盘，我们尊陈胜为盟主，只是因为他首举义旗。现在派人来吴中，难道是想让我们拱手让出江南？请叔父下令，待侄儿生擒他们。”

项梁思索一会儿，说：“侄儿不可莽撞。陈王派遣使者来江东，我们还不知道他的用意，近日有消息称陈王为章邯大军所败，下落不明，恐怕已遭不测。来使很可能是假托陈王之命，让我们先静观其变。”

召平率领这支小小的队伍抵达吴中城郊时，项羽已带兵在此等候，迎接他们入城。抵达会稽郡时，项梁已在门口候迎。众人入堂坐定后，项梁问道：“您这次到江东来，不知有何使命？”

召平说：“陈王临行前嘱咐我，说武信君才智过人，应拜为楚王上柱国。下官此行，旨在代陈王宣诏。”项梁、项羽二人听后，很高兴。“陈王还有什么吩咐？”项梁问。

召平答：“陈王有令，江东已定，请立刻向西击秦。”项梁相信了他，于是就率领八千子弟，过江西而行。

公元前 208 年 2 月，项梁、项羽统领八千子弟过江。项梁问项羽道：“你看我们这次渡江来到江淮地区，前景会怎样?”项羽胸有成竹地说：“我八千江东子弟在叔父率领下，渡江西向，扬我军威，平定中原，直捣咸阳。”项梁感叹道：“年轻人过于浮躁、渡江后不但要对付章邯这个强敌，还会面临各路诸侯割据，彼此尔虞我诈，敌友难辨，随时可能遭遇危险。”项羽默不作声。

不到两个时辰，船队到达长江北岸。项梁率众登岸，整顿队伍，休息片刻后，由召平带领来到广陵城下。驻扎广陵城下的召平军见来了大批援军，鼓舞了士气，两军会师后，迅速攻破了广陵城。这时，项梁听说广陵属下的东阳县，已经被陈婴夺取，后来，陈婴率众投奔项梁，表示愿听命于他。项梁十分高兴，授予陈婴军籍，仍令他自已统领部众，但是出兵打仗，事先必要向项梁请示。

之后项梁又收得英布，项梁得此良将喜出望外，这时军队已达四五万人。后来又有一位蒲将军率领一二万部众，投奔项梁。于是项梁部众已有六七万名。他们开始西进，直逼咸阳，进攻秦国。不料，有一支由秦嘉率领的起义军要阻止他们西进，但是，这支起义军很快被项羽吞并，秦嘉本人也被杀害。

（二）首次出师

项梁吞并秦嘉军后，势力更强，驻扎胡陵。打算稍事休整军队，便引军向西，攻打大秦帝国的心脏——咸阳。此时项梁有些轻敌，命项羽攻襄城，朱鸡石、余樊君迎战章邯。

朱鸡石、余樊君迎击章邯的前锋，他们根本无法抵御秦军，半天之内，余樊君战死，朱鸡石溃逃至胡陵，损伤惨重，士气低迷。项梁攻打薛郡，下令取朱鸡石的首级，悬首辕门，以儆效尤，严明军纪。此举震动了全军，兵士舍生忘死，奋勇杀敌。余樊君、朱鸡石之败，是项梁渡江后首次战败。项梁杀了朱鸡石，就马上向东攻打薛郡。

项羽领兵攻打襄城，原以为可以轻易获胜，然而，事实上并非如此，仗打得很艰难，伤亡不小。襄城工事坚固，守备森严。楚军攻城时，城头守将发现来者极具攻击力，俨然一支训练有素的正规军。只能坚持到底，誓死御敌，好在兵精粮足。楚军攻城时，城头上万箭齐发。守城军还用石头砸向敌人。楚军架起云梯，执盾持剑试图爬上城头，城上守军推开云梯，云梯上的士兵从半空中跌落，非死即伤，一片狼藉。

项羽命桓楚发动首轮攻击，失败。命龙且发动第二轮攻城，又失败。项羽只好亲自攻城。他疾步奔走，很快便接近城墙。他拔出长剑，以迅雷不及掩耳之势刺向城头守卒，刹那间七八个人已被刺死。项羽部下见主将已登上城头，都奋勇向前，陆续爬上城墙，城墙上的守军被杀散，城门打开了，项军一拥而入。襄城守军仍负隅顽抗，但大势已去，无力回天。到了黄昏时分，纷纷投降。

在攻破襄城后，项羽竟然以屠城方式来报复城中部队坚守不降，这不具备政治家应该有的心胸，他给自己制造了一个悲剧。

项羽夺取襄城后，率军向项梁汇报。

襄城之战，尽管损兵折将，但毕竟是一个大胜仗，沉重打击了秦军，项羽凯旋，项梁的实力和威望大大增加。

项梁已经确定陈王已死，各路义军不能群龙无首，项梁当仁不让，成为攻秦的主力。他召集诸将在薛地集会议事。这时，沛公刘邦也率众来到薛地追随项梁。

（三）立楚怀王

项梁在薛城召集部下，商议如何西向击秦。只靠项梁所率领的一支军队，虽然实力不弱，但孤军作战，恐怕寡不敌众。假如进一步扩军，联合其他诸侯，该打出什么样的旗帜呢？

这时，有一个人来到项梁面前，为项梁献上一计。此人便是范增。

他说："陈胜的失败是必然的，在秦始皇所灭的六国当中，楚国是最不幸的。楚怀王是受到欺骗进入秦国而被扣留忧郁而死的，至今，人们都为他惋惜。正是如此，楚国的南公才说出这样的预言：'楚虽三户，亡秦必楚也'。而陈胜首先作为起兵反秦的人，他没有立楚国的后代为王，而是自立为王，所以他存在的时间是不会长久的。现在项将军从江东起兵以来，有许多义军首领、将军首领投靠您，这是为什么呢？因为他们都知道，您的家族世世代代是楚国的名将，认为您一定会立楚国的后代为王。"

项梁认为范增的话很有道理，因为项梁也想重新建立楚国，由他们来拥立楚王。范增献计恰是时候。

公元前 206 年 6 月，项梁在民间找到了楚怀王的一个孙子，立他为楚怀王。用以纪念死在秦国的那个楚怀王。一个新的国家建立了。

楚国的建立，使项梁可以把他的所有精力都投入到战场上去。楚怀王正式加封项梁为武信君，封英布为当阳君，以陈婴为上柱国。后方的一切都已经稳定下来，他要做的事情只剩下一件了，那就是与秦军作战，向秦国复仇。他在短时间内，指挥他的部队取得了一连串胜利：项梁救东阿，打破秦军，救出齐将田荣；项羽的部队攻下城阳，围攻定陶；项梁自东阿出兵，北至定陶，再败秦军。

公元前 206 年 9 月，章邯的部队在定陶偷袭楚国，打败项梁，项梁战死于乱军之中。

历史要上演一出规模庞大的悲剧，项梁的死不过是这出悲剧的小小序幕。他的悲剧不过是项羽悲剧的开始。无论从个人修养、军事才能、深谋远虑，还是从接受正确建议、全局考虑，项梁都远远强于他的侄儿项羽。遗憾的是，他过早地退出了历史舞台。

三、巨鹿之战雄霸天下

（一）章邯的巨鹿战略

出身于文官的章邯，在名将如云的大秦帝国犹如一颗耀眼的流星划过黑暗的天空。在诸侯并起，几十万大军围攻函谷关时，他承担起大秦最后的命运，靠临时组织起骊山囚徒，一败周文之数十万大军，再破齐楚之联军，三杀楚军统帅项梁于定陶。可谓战绩累累，似乎在建大秦之军威，重铸大秦之军魂！

此时黄河的南部布满秦军势力，只有少部分魏的残余势力。王离带领着边防军进攻河北之地赵国，更北边盘踞着势力弱小的燕国。田荣龟缩齐地，拥兵自保。当时的秦朝廷正为权力斗争而生死相搏，灭诸侯义军的大任自然就落在统帅章邯的身上，章邯在击败楚军杀掉项梁后做了一个大的战略决定，北上汇合王离军，拿下整个赵国。

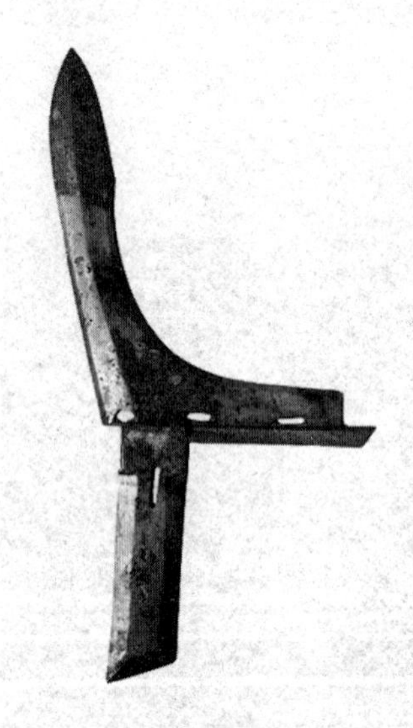

这个战略计划遭到后世的唾弃，认为他应该趁机进攻彭城。但是，从当时的情况看，这确实是个可圈可点的战略计划，原因如下：

首先，章邯杀死项梁，虽然震动楚国，但并没有伤其元气，项羽等各路楚军已经退守彭城，而且楚国会暂时放下内讧共同对外，同仇敌忾死守彭城，这样看来章邯并没有什么胜算。

其次，彭城远离关中，而北方、西边并不安定。如章邯一军短时间内不能攻下彭城，粮草必然吃紧，届时秦军孤军深入，粮道必为楚军所扰！若王离大军放弃攻打赵国与章邯大军一起攻打彭城，则秦军后方必为赵军所断。前不能进，后不能退，秦军势必全军覆没！故而分兵不如合兵，分则容易被各个击破，合则集聚力量。而此时发生的一个偶然事件更是促使章邯全力北上：王离军对赵国实行拉拢政策，诈为二世书以招降赵将李良。李良因为赵王的姐姐对其无礼，杀掉赵王的姐姐，投靠秦军，击杀赵王。后来被张耳、陈馀击败，又投靠

了章邯。章邯抓住这个机会出兵，击败赵军，王离军趁机包围赵王于巨鹿。章邯军驻扎于巨鹿南部，一边为王离军护送粮草，一边虎视眈眈地守护王离军侧翼，形成夹击之势。

（二）楚国援军的内讧

赵王被困于巨鹿时，赵相张耳充分发挥其外交特长，游说各地诸侯前来救赵，并申明天下之势，在此一举！诸侯纷纷带大军而来。

首先赶到的是赵大将军陈馀，将其数万兵力驻扎巨鹿之北。张耳的儿子张敖也带领万余兵而来。南方的楚国派出北征集团；北方的燕国派将军臧荼南下。田荣因个人恩怨不愿意救赵，但是齐将田都背田荣带兵前来。

张耳千盼万盼等来的救军，见了秦军阵容后，个个都成了江湖街头艺人，光摆花架子，就是不拿真功夫。精神上绝对支持赵军，行动上就是不敢和秦军动真格的。

张耳急得没有办法，派使者张黡、陈泽质问陈馀。陈馀被逼得没办法，给张黡、陈泽五千兵力让他们找秦军练练去。秦军哪把这五千人放在眼里，片刻就把五千人杀得精光。张耳什么都不知道，以致后来误会陈馀，杀其使者。

此时更加体现了章邯的战略规划能力，以巨鹿吸引天下诸侯，诸侯救赵，则带本部攻击诸侯，一举扫荡诸侯；诸侯不救，则拿下巨鹿，尽歼赵军，打击诸侯士气！其实，当时章邯是打定主意，要和诸侯决战！所以对巨鹿并没有急攻，而是围困，建立粮道，打持久战。这个战略计划本来是很完美的，秦军扫灭诸侯，席卷天下将要再一次实现。摇摇欲坠、满目疮痍的大秦王朝终于迎来了一线胜利的曙光。

“沧海横流，方显英雄本色”，也许是老天不让大秦渡过此劫，一个呼唤英雄的时刻，我们的主角——秦汉时代最伟大的军事家项羽登场了……

楚国派出的北征集团，在最危机的时刻终于到达。章邯在 9 月围巨鹿，楚军 10 月至 11 月之间就

派出北征集团。为何在12月才到达？原来楚国中间发生了权力斗争，本来为傀儡的楚怀王趁项梁战死之机，夺项羽军权，派自己亲信宋义为统帅，项羽、范增为辅帅，率领大军救赵。但是宋义畏惧秦军强大并想解除项氏政治威胁，欲在半路杀掉项羽与齐国结盟。

在这场权力斗争中，项羽获得胜利，成功地杀掉主将宋义。怀王无奈，只好任命项羽为上将军，当阳君、蒲将军皆属项羽。不过其他的军队将不属于北征军，而且，也再没有任何的援军支援。当时汇集在彭城的人马中，刘邦军本是北征军的一支，因为怀王和项家的权力斗争则没有随项羽参加巨鹿大战。龙且本是项梁先锋，也没有参与巨鹿之战，只有部分军队被项羽带走参与巨鹿战。

获得怀王的授权后，项羽立刻带领大军渡河救赵，渡河后，齐王田安带着一支小军队，投靠项羽。

（三）破釜沉舟收章邯

项羽到巨鹿后决定与秦军来一场赌博，赌注就是自己的性命加上几万楚军，输则全军覆没，身死当场；而赢则可报国仇、雪家恨。

可是面临的种种不利，似乎在说明这是一场有败无胜、毫无悬念的赌局。其一，对手的实力异常强大；其二，自己的实力异常弱小；其三，没有后路不能久战；其四，盟友的畏战、保存实力。

仅从以上四点来看，就可以说局势险恶到了极点——以少量杂牌军快速击败几倍于己的精锐，无疑是痴人说梦！但是天才就是天才，天才就是要打破常规，天才就是要从不可能中创造奇迹。

无疑项羽就是这种天才。项羽在经过认真分析之后，立刻就发现秦军的弱点所在——秦军的布局，是王离军围巨鹿，章邯军驻扎其南边，一边筑甬道运输粮食，一边随时打击救助巨鹿的援军，这支军队像两只虎钳，牢牢地盯死猎物。而弱点就在两钳之间的心脏。项羽要直接实施黑虎掏心战略，只有切断两

只虎钳的联系，集中力量攻其一只，方有希望获胜。

项羽带着剩余的主力部队，全部渡河。在渡河之后，项羽发表即兴演讲鼓舞士气，随后破釜沉舟，只带三天的干粮，以表示不战胜毋宁死的大无畏精神。这充分体现了项羽的战略眼光、权谋手段以及大无畏的决断力。

首先，项羽带着一支杂牌军，军队派系多，战斗力参差不齐，而项羽又是第一次指挥他们，很难指挥得得心应手。这样的情况下项羽充分运用了“陷之死地而后生，置之亡地而后存”，把一支向心力不足的军队拧成一股绳，只有一起向前冲，打败秦军，才有活路。在项羽的布置下，楚兵的求战欲望高涨！项羽还命人打破做饭的锅，每人只带三天干粮。项羽不但要以劣势兵力击败秦军，还要用三天时间击败秦军！如果三天之内不能灭掉秦军夺取粮草，就算击败秦军还是一个死字！项羽莫非疯了？不，巨鹿战的关键就是一个“快”字，如不能激发将士快速求战的欲望，不能在短时间内消灭秦军，还是一个死字！

项羽把主力汇合在一起，直接进攻甬道，断王离军的粮草。章邯听到消息后，立刻带军援救甬道，正中项羽之计，项羽以逸待劳，大攻章邯。章邯没有料到项羽孤注一掷，把所有筹码都压了上去。由于英布军前期的骚扰战的迷惑，章邯还以为项羽又在玩断粮游戏，搞搞破坏，然后跑人，却没想到项羽如此高明，如此不要命！故而连阵型都没有布置好，就带军救援。而项羽却是孤注一掷，有心算无心，胜负可想而知！

章邯遭遇大败，准备休整后再战。此时项羽击退章邯军后，立刻马不停蹄杀向毫无准备的王离军。王离军围巨鹿，防诸侯，这几天在防备陈馀的虚张声势，突然听闻项羽领军杀来，大吃一惊。由于此刻阵型松散，只好命大将苏角

仓促迎战。此时项羽早已作好战术部署，对松散的秦军实行穿插、分割、包围。而项羽亲自带兵直攻秦军指挥中枢。项羽把秦军分割之后，杀苏角，擒王离，九战九胜。诸侯看到形势有利，立刻加入痛打落水狗的行列。诸侯包围秦军，巨鹿城的赵军里应外合，全歼王离军。曾经灭六国的雄师，就这样覆灭了。

灭掉王离军后，战争并没有结束，章邯还有二十多万人退居棘原，此时怀王命项羽回师。但是项羽另有大志——要摆脱怀王继而灭秦称霸天下，此时对他来说是一个机会。项羽开始使用政治手段，首先要收服诸侯联军，再要收服章邯！

为实现自己的理想，项羽煞费苦心。他首先把章邯军牢牢压制在自己手中却不强攻，利用章邯的威胁一面统率整合诸侯，一面用高官厚禄收买诸侯，恩威并用，双管齐下，把诸侯联军牢牢绑在自己的战车上。章邯在王离兵败后，受到极大的压力，一直求战，希望用胜利来回应秦廷。但是局势的主动权掌握在项羽的手中，项羽此时耐性十足，屡屡击败章邯，却不决战，章邯此时战不胜退不得。这样对峙六个月，秦二世屡屡派人责问章邯，章邯派亲信司马欣到咸阳打探消息。赵高派人捉拿司马欣，司马欣从小路逃回。此时，陈馀给章邯写信，讲明利害，让章邯投降项羽。章邯有些心动，却不甘心，一面派人谈判，一面准备再战。但是章邯的小动作都被项羽看在眼中，为了彻底收服章邯，项羽决定打败他！

项羽命蒲将军迅速到漳南击破章邯军，自己带大军再败章邯军。章邯无计可施，只好与项羽结盟，正式投降了项羽。章邯保住了性命，而那二十万降卒的命运如何呢？项羽担心降卒并不是真心投降于他，便下令坑杀了这二十万人。这样，秦朝所依靠的最重要的一支武装力量就这样不复存在了。

四、千古一宴分封诸王

（一）竞争关中王

在楚国与秦国决战之前，楚怀王曾与诸将立下约定，不论是谁，先率所部进入关中，且能占据秦国原有土地的，就封他做关中王。竞争关中王的人选只有刘邦和项羽。

项羽在招降了章邯的部队以后没有急于进入关中，他认为秦军主力已经被他消灭，秦国也好，关中也罢，早已经是他的囊中之物了。他带领着六国的人马，不慌不忙地向关中进发，他根本没有想到有一个人，正在窃取原本属于他的领导权，他想的只是战争结束后，如何使地方安定下来，重新统一到他项羽的旗下。

秦国的主力部队二十万人，全部投降了项羽，并且被他坑杀了，项羽知道秦国已经摇摇欲坠，已经没有力量可以抵挡他的进攻了。进入关中，攻下咸阳，是顺理成章的事，他甚至早就将此时刘邦也率领着一支楚军从西路进入关中的事抛到九霄云外去了。

刘邦与项羽不一样，刘邦在西进途中时刻提醒着自己，一定要赶在项羽之前进入关中，他要成为关中王。

刘邦久攻昌邑不下，于是索性放弃昌邑，西进到高阳城下，他遇到了一个对他极其重要的谋士——郦食其。郦食其指出刘邦现在仅仅是收罗了一群乌合之众，没有可以依靠的军事力量，就这样向关中进发，无疑是羊入虎口，应该进攻陈留，夺取秦人的粮食供应站，以其做后盾，来扩充自己的部队，形成自己的势力。

在以后的行军过程中，刘邦采取了尽量招降避免打攻坚战的策略，加快了他的部队西进速度。而且，刘邦

手下的将士们很快成熟起来，加强了刘邦的军队战斗力。他的力量几乎可以独立于楚国之外。在此期间，刘邦以少量兵力避实就虚，趁机向西进发，直奔咸阳。

当项羽率诸侯的四十万大军来到函谷关的时候，他惊异地发现：守关的士兵不是秦国的部队，而是刘邦的下属。并且他得到消息说，刘邦的部队已经攻破了秦国的都城咸阳。更令他气愤的是，当他命令关上的士兵打开城门，让他的部队进城时，他所得到的回答却是："我们只是奉命守城的，不准任何人的部队进入关中。"

项羽一怒之下命令部下攻函谷关，函谷关中有限的守军根本不是项羽大军的对手，很快在函谷关上空就飘扬着项羽的旗帜。

项羽率大军突破函谷关，直逼新丰鸿门安营，与刘邦的军队遥遥相对。但是他并没有立即下令进攻刘邦的大部队。而在此时，刘邦军中的左司马曹无伤派人秘密向项羽报告："刘邦的本意是要自己在关中称王，任命秦国的子婴作丞相以安定秦国的人心，这样他就可以全部占有秦国的珍宝。所以他才派部下守城不让您入关。"

听到这个消息，项羽大怒，立刻传下一道命令："明天一早慰劳我的部队，准备与刘邦交锋。"

范增十分清楚项羽的想法，他下令作战只是一时的气话。为了坚定项羽与刘邦作战的决心，他对项羽说："以前，刘邦在山东的时候，最喜欢珍宝和美女，现在，他进入关中却没有听说他收罗珍宝、玩弄美女，这足以证明他另有图谋。我曾派一些术士给刘邦看相，他们都认为刘邦的头上云气成龙虎图形，这是天子才会有的云气啊，应该在他未成气候以前就将他消灭。"项羽被彻底激怒了。

（二）鸿门设宴

项羽军队已经做好了次日与刘邦一决雌雄的准备。就在项羽下令军队准备

与刘邦的部队交战的时候，在项羽的部队中也出现了内奸，把项羽要攻打刘邦的消息送到了刘邦的军中。这个内奸就是项伯，他是项羽的本家叔父，当他得知项羽要与刘邦决一死战的消息时，忧心忡忡。

在称霸天下的关键时刻，项伯所想的不是项羽的霸业，也不是项氏家族的荣辱，他想的只是他个人的朋友，他是一个讲义气之人。他与张良的私人感情很好，而张良此时正在刘邦的军队中，一旦双方交战，刘邦的军队必然战败，而他的好朋友很可能会死在乱军之中。当天夜里，项伯偷偷地离开了楚军大营，来到刘邦的军队中找到了张良，把项羽的决定一五一十地都告诉了张良。

项伯没有想到的是：他这样做不但背叛了项羽，而且还将很重要的军事机密泄露了。事实上，他已经成为项羽军中的内奸了。在用人这一点上就可看出项羽注定不会成功。

项伯对张良说："我们一起离开这里吧！"

"不！"

"难道你想和刘邦一起送死吗？"

"你知道的，我是韩王的部下，是奉命送沛公入关中的，现在沛公有难，我怎能偷偷逃走呢，这是不义啊！我必须把这件事情告诉沛公。"

其实，张良早已下定决心，他最终是要帮助刘邦争夺天下的。

张良连忙来到沛公营，沛公正好未寝，他就向沛公说道："项羽明天要来攻营了！"听完张良的话沛公大吃一惊。继而沛公又问张良："依你之见，我们应该怎么办呢？"

张良问："你为什么派人守住函谷关呢？"

"有人对我说，只要能守住函谷关，不让诸侯的部队入关，我就可以控制关中的一切，成为名副其实的关中王。所以我才听从了他们的意见。"

"那么，您认为您的部队能够抵挡项羽的部队吗？"

就这一句话，便说中了要害。是啊，刘邦感到以前的想法太天真了，他以为只要有一支部队

守住函谷关，又有楚怀王的约定在先，项羽就不会强行进入关中，他就可以在这里等楚怀王的任命了，他没有想到项羽会用武力来争霸天下。

过了一会儿，刘邦才说："我们的部队抵不过项羽的部队，我们该怎么办呢？"

"请您亲自去对项伯说，您无意抗拒项羽，只是守护关中以防盗，别无其他意思。项伯乃是项羽的叔叔，这样可以阻止楚军进攻。"

沛公问："你什么时候认识项伯的？"

张良答道："项伯曾经犯下死罪，是我救了他，今见我有急难，所以相告。"

沛公又问："你与他谁较年长？"

张良答："项伯。"

沛公又说："你快把他叫来，我愿把他当作兄长，如果能帮助我化险为夷，我必然相报。"

张良于是邀请项伯会见沛公。项伯说："这样不好。我出于私情而来相报，怎么能直接见沛公呢？"张良急切地说道："你救沛公，也就是救我啊，更何况天下还不安定，刘项二家，怎么能自相残杀？他日若是两败俱伤，不利于你，所以请你共商和平大计。"项伯在张良的一再相劝下，答应见沛公。

沛公穿好衣服出迎，并请他上坐，设宴款待项伯，自己则与张良殷勤点灯一旁陪坐。喝了一会儿酒，沛公说："自从我入关以来，未敢取一丝一毫的财物，我已经把各种文件和官府的库房都封存起来，就是为了等项将军到来之时交给他啊！我之所以派人守函谷关，不过是担心其他诸侯的部队入关和清除盗贼，绝不是抗拒将军。希望您回去告诉项王，就说我热切等待，真诚之致，绝无二心。"

听了刘邦的话，项伯决定劝说项羽不要与刘邦开战，同时告诉刘邦在第二天早上亲自到项羽营中谢罪。

第二天一大早，刘邦便来到了项羽的营中，为表诚意，他只带了几百人，没有军队跟随。一见到项羽，刘邦立刻向前行礼，并对项羽说："本来我是想和您一起进攻秦国的，将军在河北作战，而我在河南作战，我没有想到我会先

进入关中，更没有想到会在这个地方与将军见面。但我听说，有小人给我制造谣言，使我们之间产生了一点误会。”

项羽说：“这些都是你的左司马曹无伤所说，不然，我怎么会来到这里。”

范增听后不禁大吃一惊。敌人中有内奸，这可是天赐良机，隐身在敌军的内奸有很大的作用，项将军怎么可以把内奸的名字告诉敌人呢！

项羽命令，在他的大营中设宴款待刘邦。

在这场鸿门宴上，项王、项伯东向坐，亚父范增南向坐，沛公北向坐，张良西向侍。我国历来尊崇坐北朝南。范增这时虽已颇有地位，被尊称为亚父，但总不及项羽，而他却是坐北朝南，坐在鸿门宴上最尊贵的位置。

沛公平时很喜欢饮酒，而此时他却忐忑不安，不敢多喝。项羽却真情相劝，不停地与沛公喝酒，兴致勃勃。两个昨天还要决一死战的人，今天在酒席上却显得十分友好。

范增可没有心情喝酒。他认准刘邦是项王最大的威胁，越早除去越好。昨天晚上还要将刘邦军全部歼灭，谁知，项王一早变了卦，不但不追究，竟然还与他痛饮起来。张良呢，一直心惊胆战，不知接下来会发生什么事情。他发现范增的目光牢牢盯住沛公，暗藏杀机。

范增心中十分着急，他想加害沛公。在喝酒时，多次向项羽展示身上所佩玉玦。一连三次，暗示他应该下定决心，杀掉刘邦。可项羽竟置之不理，只是喝酒。范增急了，借故离席，来到帐外找到项羽从弟项庄，悄悄告诉他：“项王外刚内柔，心慈手软，沛公自投罗网，却不动手，我已三举玉玦，项王却毫不理睬，但我等决不可坐失良机。现在，你进入大帐内，先给大家敬酒，之后就请示项王同意，你在席上为大家舞剑，然后找个机会刺杀沛公，为项王除去心腹大患。若不这样做，恐怕将来我们都会成为刘邦的俘虏。”

项庄听罢，便带着他的宝剑来到大帐中。先给沛公斟酒，然后说：“沛公与大王在这里饮酒，这本是一件快乐的事情，却没有

什么可以助兴的，项庄愿舞一回剑，为各位助兴。”项羽说：“好啊！”任由项庄自舞。项庄开始手持宝剑，运动掌腕，来回盘旋。

范增希望项庄的剑马上可以刺到刘邦的身上。

刘邦很紧张，他担心剑会随时刺向自己，性命不保。

张良见项庄所执剑锋逼近沛公，看了项伯一眼，项伯心领神会，也起座站起来说：“剑须对舞才好。”说着，拔出剑，与项庄并舞，一个是要置沛公于死地，一个却要保护。沛公身旁，有项伯挡住，项庄无法接近，沛公才不致受伤。但是，沛公仍然惶恐不安，惊慌失措。虽然刘邦有项伯保护，但项庄剑法精湛，有好几次突破项伯的遮掩，剑掠过刘邦的面前，险些刺中咽喉。幸亏项伯以身抵挡，项庄被迫收剑回舞。

这时项羽也看出来了，但他并没有制止。他左右为难：一方面，他也知道刘邦对他威胁很大，应该尽早铲除；另一方面，他觉得即便是对敌人，也应当在战场上决一胜负，这种席间刺杀并非大丈夫所为，传扬出去对自己名声不好。

张良见情况紧急，项伯剑术远在项庄之下，难以长久保护刘邦。张良心急如焚，便偷偷地出了大帐，看见樊哙正在探望，便对他说：“项庄在席间舞剑，想必是要加害沛公。”樊哙怒道：“如此危险啊！待我去和他们拼命。”樊哙左手持盾，右手执剑，便往大帐里面走去。

帐前卫士见状以为他要动武，上前阻拦。樊哙本来力大，一心保护沛公，只知向前乱撞乱推，击倒几名卫士，直接来到席前，怒不可遏。项庄、项伯见突然进来一壮士，都停住了剑，站着发呆。项羽感觉到有一股杀气，便问：“来者何人?”

张良跟过来介绍说：“他是樊哙，沛公的参乘。”

项羽称赞道：“真是好汉！”马上下令：“赐给他酒肉。”

士兵端来一斗酒，樊哙一饮而尽。项羽见他饮酒如此豪迈，便命左右：“赐猪肘。”左右奉命拿来了生猪腿肉，故意刁难樊哙。谁知，樊哙对此不以为然，放下盾牌，拔剑逐片切割生猪腿，边切边送进嘴里，狼吞虎咽，在座的人

无不感到吃惊。项羽接着问："还能再喝吗？"

"臣死都不怕，更何况是酒！"

项羽又问道："你要为谁而死？"樊哙严肃地说："秦国暴政，天下皆反，怀王与诸将约定，谁先入秦关就可称王。如今沛公先入咸阳，却没有称王，没敢贪一点财物，而是封了库房，率部队回到霸上驻扎，一心等着将军的到来。将军却受了小人蒙蔽，想杀功臣，这种做法与刚灭亡的秦国有什么不同呢？"

项羽听了默然无语，他只好请樊哙入座。

经樊哙这么一闹，项庄只好退下，项伯也重新入座。

过了一会儿，刘邦假装去厕所，樊哙陪他一起，他们刚出大帐，张良也找了一个借口溜了出来。

张良劝沛公迅速返回营中，不可耽搁。沛公说："我还没告辞，怎好离开？"

张良说："项羽已经醉了，现在不能顾及，您应趁机离去。我愿代替您去告辞，沛公随身携带的礼物，留数件作为赠品就可以了。"

沛公于是交给张良一双白璧，一双玉斗，自己则骑一马，带了樊哙，及三名随从，从小路快马返回霸上。

回到帐中，张良对项羽说："沛公喝多了，不能与大王辞行，他命我将一双白璧献给大王，一双玉斗给亚父。"

"沛公他人呢？"项羽问道。

"他听说大王要责罚他，感到羞愧，所以先回霸上了。"

项羽啼笑皆非，收下了礼物。

范增眼里含着泪花，摔掉玉斗。他不停地叹息，怨恨项羽的优柔寡断。

而刘邦回到营中之后，立刻杀了曹无伤。

（三）分封诸王

鸿门宴之后，项羽进入咸阳。项羽争强好胜，急躁多疑。之前，秦王子婴主动投降刘邦，刘邦得以顺利进入咸阳，使项羽非常被动。项羽对此一直耿耿于怀。因此，他一进入咸阳，就除

掉了秦王子婴，秦国的王族全部被诛杀。

宏伟壮丽的秦宫——阿房宫，占地三百余里，巧夺天工。但是项羽并没有怦然心动，他不想在此居住，也不愿让别人享受秦宫。他掠走了秦宫中不计其数的奇珍异宝，以及那些后宫佳丽，然后一把火将宫殿烧毁。这把大火整整烧了三个月，将阿房宫化为一片废墟。

秦国已经灭亡，该杀的人都被杀了，该烧的也都烧了，接下来的事情就是如何填补秦国所留下来的权力真空。

有个姓韩的书生向项羽提出建议说："关中地区土地肥沃，而且四面有山河做屏障，有险阻，易守难攻，如果您定都在这里则可以称霸天下。"

项羽却不愿在这里居住，他想回老家江东，他说："得到了富贵却不回老家，就似穿着一身锦绣的衣服在夜里走路，谁能看见你的衣服好啊!"

韩生觉得可笑，背地里对他人说："别人都说楚国的人就好比戴着帽子的猴子，今天一看果真如此。"

项羽知道以后，烹了韩生。

项羽不愿在关中称王，他也不甘心把关中留给刘邦。同时，项羽也知道天下的地盘都已经被六国的旧贵族瓜分完毕，如果他想得到一块中意的土地，就必须重新分封天下。为了解决这一切问题，项羽决定重新对领地进行调整。

在公元前 206 年 1 月，项羽派使者见楚怀王，请示有关重新分封诸侯的事。但项羽得到的答复是楚怀王坚持"如前约"。

项羽不能公开与楚怀王决裂，与范增密谋后，项羽发表了他的分封方案：

首先，项羽率各路诸侯尊楚怀王为义帝，名义上他是最高领导，在名号上也升了一格，这样，不但没有对楚怀王表示一丝不满，而且还把他向上捧了一下。在义帝下设个王，代替义帝处理具体事务。这个王就是项羽——受封为西楚霸王。

其次，遵守楚怀王的约定，把刘邦封在汉中做王，以表示项羽绝对服从楚怀王。他封刘邦的名号是汉王，而不是关中王，因为关中王的名号太大了，项羽把关中分为四个地区，刘邦的封地是其中之一，是最边远的一个，在汉中。

最后，他公开制造舆论：刚开始反秦时，也临时封了一些诸侯王，为的是可以有个号召，以便攻打秦国。然而，这两年来在战场上打仗的不是诸侯，而是我和他们的将相，是我们平定了天下，就是义帝也没有为此做些什么，所以我们应该把天下分封给有功的将军们。

项羽一共分封了十八个王：

衡山王吴芮都城在邾

临江王共敖都城在江陵

九江王英布都城在六

常山王张耳都城在襄城

代王赵歌都城在代

临淄王田都都城在临淄

济北王田安都城在博阳

胶东王田市都城在即墨

汉王刘邦都城在南郑

雍王章邯都城在废丘

塞王司马欣都城在栎阳

翟王董翳都城在高奴

燕王臧荼都城在蓟

辽东王韩广都城在无终

西魏王魏豹都城在平阳

殷王司马昂都城在朝歌

韩王韩成都城在阳翟

河南王申阳都城在洛阳

这样，六国原来的土地被分割为十九块，结束了六国分立状态。形成了十九国分立的新格局。

五、彭城之战楚汉议和

（一）大战彭城

结束了权力分配的盛宴。随之而来的并非天下太平，而是诸侯之间继续进行的权力争夺。

从表面上看，战争和分封都结束了。英雄豪杰们各据一方，高高兴兴地离开鸿门，赶往自己的王国。

称霸诸侯号令天下的军事统帅项羽，满载着秦宫府库的金银财宝和后宫中的绝代佳丽，率大军东归彭城。

而灭秦的另一主角刘邦却被封在偏远的汉中巴蜀之地。

公元前 205 年，刘邦因不满汉中之地，毅然出兵平定三秦，东向伐楚。汉王刘邦率领五个诸侯国的兵马，共五十六万人，向东进兵讨伐楚国。项王听到这个消息，就命令诸将攻打齐国，他自己又率领精兵三万人向南从鲁县穿过胡陵。

4 月，汉军已全部进入彭城，掳掠那里的财宝、美人，每天摆酒席大会宾客。项王引兵西行奔向萧县，从早晨开始，一边攻打汉军，一边向东推进，打到彭城，已是中午时分，把汉军打得大败。汉军四处逃散，前后践踏掉进水中，楚军杀了汉军十多万人。汉兵向南逃入山地，楚军追击。汉军后退，楚军把刘邦里外围了三层。

正在这个时候，狂风从西北方向刮起，摧折树木，掀毁房舍，飞沙走石，刮得天昏地暗，白天变成了黑夜。大风向着楚军迎面扑来，楚军大乱，队阵崩溃，这样，刘邦才得以带领几十名骑兵慌忙逃离战场。

刘邦原打算从沛县经过，接取家眷向西逃，楚军也派人追到沛县，去抓刘邦的家眷，但刘邦家眷已经逃散，没有跟他见面。刘邦在路上遇见了孝惠帝和鲁元公主，就把他们带上车，一块儿西逃。楚军骑兵追赶刘邦，刘邦感到情况

危急，几次把孝惠帝、鲁元公主推落车下，滕公夏侯婴每次都下车把他俩重新扶上车，这样推下扶上有好几次。

刘邦等人到处寻找太公、吕雉，没有找见。郦食其跟随着太公、吕雉抄小路逃走，也在寻找刘邦，却偏偏碰上了楚军。楚军就带着他们回来，向项王报告。项王一直把他们留置在军中当作人质。

这时候，吕雉的哥哥周吕侯为刘邦带兵驻守下邑，刘邦顺小路去投奔他，渐渐地收集汉军士卒。到荥阳时，各路败军都已会集在这里，萧何也把关中没有载入兵役名册的老弱人丁全部都带到荥阳，汉军重又大振。

楚军从彭城出发，一路上借着胜利的威势追击败逃的汉兵。可是在荥阳南面的京邑、昌邑之间与汉军打了一仗，汉军打败了楚军，楚军因此不能越过荥阳向西推进。项王去援救彭城，追赶刘邦到荥阳，这时田横也得以恢复了齐地，立田荣的儿子田广为齐王。刘邦被围困在荥阳，原来投向刘邦的盟军此时又背叛刘邦，有的投靠项羽，如塞王、翟王；有的则重新脱离刘邦的控制，走向刘邦的对立面，如魏豹、陈馀。

（二）再战荥阳

刘邦驻扎在荥阳，筑起两边有墙的甬道，与黄河南岸相连接，用以取得敖仓的粮食。

公元前 204 年，项羽多次侵夺刘邦的甬道，刘邦粮食匮乏，心里恐慌，请求讲和，条件是把荥阳以西的地盘划归刘邦。

项羽打算接受这个条件。范增说：“汉军不容易对付了，如果现在把它放走而不征服它，以后一定会后悔的!”项羽和范增立即包围了荥阳。

刘邦很担心，就用陈平的计策离间项羽和范增。项羽的使者来了，刘邦让人准备了特别丰盛的酒筵，端过来刚要进献，一见使者又装作惊愕的样子说道：“我们以为是亚父的使者，没想到却是项羽的使者。”把酒筵重又撤回，拿来粗劣的饭食给项王使者吃。使者回去向项羽报告，项羽竟真的怀疑范增和刘邦有来

往，渐渐地把他的权力剥夺了。

范增非常气愤，说："天下事大局已定，君王您自己看着办吧。希望您让我回乡为民吧。"项羽答应了他的请求。范增起程了，还没走到彭城，由于背上毒疮发作而身亡。

汉将纪信给刘邦出主意说："形势危急，请让我假扮成大王替您诓骗楚兵，您可以趁机逃走。"于是，刘邦趁夜从荥阳东门放出两千名身披铠甲的女子，楚兵立即从四面围追而去。

纪信坐着天子所乘的黄屋车，车辕横木左方插着有羽毛装饰的旗帜，说："城中粮食已经吃光了，刘邦投降。"楚军一起欢呼万岁。刘邦这时也带着几十名骑兵从城的西门逃出，逃到成皋。

项羽见到纪信，问道："刘邦在哪儿?"纪信说："刘邦已经出城。"项羽把纪信烧死了。

刘邦派御史大夫周苛、枞公、魏豹等把守荥阳。周苛、枞公商议道："魏豹曾经背叛我们的国家，这样的人怎么能和我们一块守城?"于是，他们一起杀了魏豹。楚军攻下荥阳城，活捉了周苛。项王对周苛说："给我做将军吧，我任命你为上将军，封你为三万户侯。"周苛骂道："你若不快快投降刘邦，刘邦就要俘虏你了，你不是刘邦的对手。"项羽发怒，烹死周苛，把枞公也一块儿杀了。

刘邦逃出荥阳后，向南跑到宛县、叶县，遇到九江王英布，一边行进，一边招集士兵，重又进入成皋，守在那里。

项羽进兵包围成皋。刘邦逃走，一个人带着滕公出了成皋北门，渡过黄河，逃向修武，去投奔张耳、韩信的部队。诸将也陆续逃出成皋，追随刘邦。楚军因此拿下成皋，想要西进。刘邦派兵在巩县抵抗，阻断了楚军西进的去路。

这时候，彭越渡过黄河，在东阿攻打楚军，杀了楚国将军薛公。项羽于是亲自率兵东进，攻打彭越。刘邦得到淮阴侯韩信的部队，想要渡过黄河南进。郑忠劝阻刘邦，刘邦才停止南进，在黄河北岸修筑营垒驻扎下来。刘邦派刘贾率兵去增援彭越，烧毁了楚军的粮草辎重。项王继续东进，打败了刘贾，赶跑了彭越。刘邦这时率领部队渡过黄河，又拿下了成皋，在西广武扎营，就近取

食敖仓的粮食。项羽已经平定了东方，现在又回过头来西进，在东广武与汉军隔着广武涧扎下营来，两军各自坚守，持续了好几个月。

（三）鸿沟之盟

公元前203年，彭越几次往返梁地，断绝了楚军的粮食，项羽为此深感忧虑。他做了一张高腿案板，把刘邦父亲太公搁置在上面，向刘邦宣告说："如果你现在不赶快投降，我就把太公煮死。"刘邦说："我和项羽作为臣子一块接受了怀王的命令，曾说'相约结为兄弟'，这样说来，我的老子也就是你的老子，如果你一定要煮了你的老子，就希望你能分给我一杯肉汤。"项羽大怒，要杀太公。项伯说："天下事还不知道怎么样，再说要夺天下的人是不顾及家的，即使杀了太公也不会有什么好处，只会增加祸患罢了。"项羽听从了项伯的话，没有杀刘邦的父亲。

楚、汉长久相持，胜负未决。年轻人厌倦了长期的军旅生活，老弱也因水陆运输而十分疲惫。项羽对刘邦说："天下纷纷乱乱好几年，只是因为我们两人的缘故。我希望跟你挑战，决一雌雄。不要再让百姓白白地受苦啦！"

刘邦笑着回绝说："我宁愿斗智，不能斗力。"项羽让勇士出营挑战，汉军有善于骑射的楼烦，楚兵挑战好几次，楼烦每次都把他们射死。项羽大怒，就亲自披甲持戟出营挑战。

楼烦搭箭正要射，项羽瞪大眼睛向他大吼一声，楼烦吓得眼睛不敢正视，两只手不敢放箭，转身逃回营垒，不敢再出来。刘邦派人私下打听，才知道原来是项羽，大为吃惊。这时项羽就向刘邦那边靠近，两人分别站在广武涧两边互相对话。刘邦一桩一桩地列举了项羽的罪状，项羽很生气，要和刘邦决战。刘邦不听，项羽埋伏下的弓箭手射中了刘邦。刘邦受了伤，跑进成皋。

项羽听说淮阴侯韩信已经攻克了河北，打败了齐、赵两国，而且正准备向楚军进攻，就派龙且前去迎击。淮阴侯与龙且交战，汉将灌婴也赶来了，把楚军打得大败，杀了龙且。韩信

趁此机会自立为王。项羽听到龙且兵败的消息，心里害怕了，派武涉前去游说淮阴侯，劝他联楚背汉，与楚汉三分天下。韩信不听。

这时候，彭越又返回梁地，断绝了楚军的粮食。项羽对海春侯、大司马曹咎等说："你们要谨慎地守住成皋，如果汉军挑战，千万不要和他们交战，只要别让他们东进就行。十五天之内，我一定杀死彭越，平定梁地，回来再跟将军们会合。"于是带兵向东进发，一路上攻打陈留、外黄。外黄起先不归顺，过了几天终于投降了，项羽很生气，命令男子 15 岁以上的全部到城东去，要把他们活埋了。

外黄县令门客 13 岁的儿子，前去劝说项羽，说道："彭越凭强力威胁外黄，外黄人害怕，所以才姑且投降，为的是等待大王。如今大王来了，又要全部活埋他们，百姓哪儿还会有归附之心呢？从这往东，梁地十几个城邑的百姓都会很害怕，就没有人肯归附您了。"

项羽认为他的话有道理，就赦免了准备活埋的那些人。项羽东进睢阳县，睢阳人听到这情况都争着归附项羽。

汉军多次向楚军挑战，楚军都没出来。汉军就派人去辱骂他们，一连五六天，大司马曹咎忍不住气愤，派兵渡汜水。士卒刚渡过一半，汉军出击，大败楚军，缴获楚军的全部物资。大司马曹咎、长史董翳、塞王司马欣等都在汜水边上自刎了。

这时候，项羽在睢阳，听说海春侯的军队被打败了，就带兵往回赶。当时，汉军把楚将钟离昧包围在荥阳东边，项羽赶到，汉军害怕楚军，全部逃入附近的山地。不久，汉军士卒气盛，粮草充足，项羽士卒疲惫，粮食告绝。刘邦派刘贾劝说项羽，要求放回太公，项羽不答应。刘邦又派侯公劝说项羽，项羽才跟刘邦定约，平分天下。

公元前 203 年底，刘邦与项羽讲和，双方以鸿沟为界，鸿沟以西的地方划归汉，鸿沟以东的地方划归楚。项羽送还了刘邦的父亲和妻子。

六、垓下之战枭雄末路

（一）背信弃义

楚汉议和后，西楚霸王项羽率十万楚军向东楚地撤军。刘邦也欲西返。

但是，正当刘邦打算率军西返之时，张良、陈平却建议撕毁鸿沟和议，趁楚军疲师东返之机，自其背后发动偷袭。刘邦说："我与楚已经讲和，项羽也已经回去了，我还留在这儿干什么。"

张良、陈平异口同声地说："臣等请大王议和，只为救太公、夫人。今太公、夫人安然无恙地回来了，正好趁机攻打楚军，更何况我们已经占了大半个天下，四方诸侯又多投效，项羽疲惫粮绝，众叛亲离，气数已尽，如果任由他东归而不乘胜追击，则后患无穷！"

于是，刘邦采纳二人建议，遂背约，向楚军突然发起战略追击。刘邦约集韩信、彭越南下，共同合围楚军。

公元前 202 年 10 月，刘邦亲率二十多万大军追击十万楚军至固陵(今河南太康)。但此时，韩、彭二人没有一个出兵配合刘邦。项羽知道刘邦背信弃义后大怒，于清晨在此地发动突然反击，斩杀汉军近两万余人，再次将汉军击败。刘邦慌忙率军退入陈下，并筑起堡垒坚守不出，而楚军又一次合围了刘邦。

张良建议刘邦，将陈以东直到大海的大片领土封给齐王韩信；睢阳以北至谷城封给彭越。这样，刘邦以加封土地为报酬，终于搬动了韩、彭二人，使他们挥军南下，同时命令刘贾率军联合英布北上，五路大军共同发动对项羽的最后合围，垓下之战随之开始。

齐王韩信亲率三十万大军从齐地南下，占领楚都彭城和今天苏北、皖北、豫东等广大地区，兵锋直指楚军侧背，自东向西夹击项羽；汉将刘贾率军数万会同九江王英布（此时英布已经叛楚投汉）合兵十万，自淮北出发，从西

南方发动对楚地的进攻，先克寿春，再攻下城父，并且将此军民全部屠尽；梁王彭越率军数万从梁地出发，先南下后西进，与刘邦本部军共同逼楚军后退；而镇守楚军南线的楚将大司马周殷却在此时叛楚，屠灭六县，再与英布、刘贾会师，随后北上合击项羽，同时，得到关中兵丁补充的刘邦则率本部军二十多万出固陵东进。

汉军五路大军，合计近七十万之众，形成从西、北、西南、东北四面合围楚军之势，项羽被迫率十万楚军向垓下后撤。

（二）兵困垓下

刘邦、韩信、刘贾、彭越、英布等五路大军于垓下，基本完成了对十万楚军的合围。

当时的情况，楚军处于绝对的劣势：

其一，西楚国位于长江以北的全部土地均已失陷，十万楚军成为绝对的孤军；

其二，楚军缺粮已经几个月，士兵饥饿，军队根本没有半点补给；

其三，汉军联兵约七十万，且精力饱满、粮食充足、士气旺盛，而项羽孤军十万，连续久战疲惫，决战之时已是冬天，而楚军刚从广武前线上撤下来，未经补给，多穿着夏秋季的装备，寒冷饥饿，士气溃散；

其四，汉军分五路有秩序地推进，先占楚土，再行合围，步步为营，层层包围，楚军难以发动突然性的反攻；

其五，楚军离江东五郡距离遥远，即使冲破包围圈，也很难在汉军的追击下及时回到己方领土，可以说是“突围无效”。

就是在这样一种情况之下，韩信三十万主力与刘邦本部军二十多万合兵一股，排出五座连阵，向垓下困守的十万楚军发起了最后的进攻！

韩信率主力大军五六十万，排出了这样一个阵型：韩信亲率三十万大军居中，为前锋主力；将军孔熙率数万汉军为左翼；陈贺率领数万汉军为右翼；刘邦率本部主力尾随韩信军跟进，将军周勃率军断后。

而对于楚军而言，目前的情况既不能守，也不能退，后勤断绝、无粮而守，

无异于坐以待毙！

就这样，战斗打响了。

韩信率五阵大军先行向楚军发动挑衅性进攻。项羽立刻率十万楚军发动中央突破作战，矛头直指韩信本部。项羽亲自率军出击，冲锋在前，楚军以骑兵在前、步兵在后随其冲锋。汉军接战，前阵立刻被击溃。韩信立刻命令大军后撤，以三十万大军为屏障掩护指挥部和刘邦的十万人马向后退去。汉军且战且退，楚军则是继续孤注一掷地疯狂突击，项羽本人更是一马当先，冲锋速度之快以至将十万楚军将士统统甩在了后面，楚军骑兵没有一人能赶上。一路上，汉军如乌云一般层层叠叠，一眼望去，满山遍野。项羽率十万将士猛打猛攻，连破汉军数道防线，三十万大军溃散一半多，一路之上无人可挡，直杀向韩信本人。

当韩信以前阵为屏障，掩护刘邦军回撤退避的同时，孔熙、陈贺所率的左右两军也自楚军左右两侧进行着迂回机动，其目的是为了节制楚军进攻侧翼、分离楚军骑兵与步兵之间的配合，牵制楚军的进攻。

经过半日厮杀，楚军破军无数，韩信的前军几乎被打成了废渣，但项羽依然没能突入汉军指挥部，韩信不断地向后退却，始终没有出现在项羽面前。而项羽过于猛烈的冲锋，却明显拉开了军队前后的距离。

当时的楚军，项羽本人脱离全军冲锋在前，冲开敌军一道道防线，后面是速度较快的主力骑兵急赶项羽，并将被项羽本人打开缺口的汉军散兵一一冲散踏过；而最后面的是速度最慢的步兵部队，他们与未被骑兵踩死的汉兵一边厮杀一边继续追赶骑兵。楚军队形越来越散、越拉越长，已经渐渐失去了紧密的队形和互相之间的配合。

战至下午，汉军中军一退再退，左右两军迂回急进，终于完成了前后夹击之势。汉军左右军随之投入了对楚军后方侧翼的进攻，以紧密的阵形两面压来，迅速合围了落在后面的楚军步兵。楚军将士殊死抵抗，两军立刻陷入交战状态，汉军将楚军步兵、骑兵一分两半，楚军攻势随之被牵制。项羽不得已，只好率残存骑兵回师而去，救援步兵。

当得知左、右两军完成迂回并发动了对楚军后方步兵的进攻之时，韩信立即组织反击，并将刘邦主力以及所剩的全部中军投入反击中。

汉军向楚军前锋骑兵反扑而来，数十万汉军向楚

军发起了前后夹击。项羽见势不妙，立刻率全军向反方向突围，冲开汉左、右军的包围，退回营中。

（三）霸王别姬

自从项羽起事以来，第一次遭遇这样的挫败，本已出现转机，偏碰到韩信，中了十面埋伏之计，楚军剩下的只有两三万，项羽返回营中，此时心急如焚!

虞姬早已在内帐中等候。她是项羽帐下的美人，深得项羽的宠爱。虞姬天资聪慧，知书达理，曾跟随项羽出兵打仗，寸步不离。此时在营间，她正等着项羽归来。项羽战败而归，虞姬见他垂头丧气，惶悚不安，心里也很不舒服。

项羽坐定后，喘了口气，虞姬才询问战情。项羽叹息说："败了！败了!"

虞姬安慰他："胜负乃兵家常事，大王无须忧虑。"

项羽说："我从未经过如此恶战。"

虞姬本已吩咐准备酒宴，想为项羽洗尘。此时项羽败归，她更想为他解忧，便命人端来酒菜，请项羽上坐小饮。项羽哪有心情，但宠姬深情厚谊，不便拒绝，便坐在席间，让虞姬陪伴。刚饮三杯，就有士兵通报汉兵围营。项羽说："你传令将士，坚守不动。等我明日决一死战。"

天已经黑了，项羽又同虞姬相对饮酒，今日大败而归，愁闷不已，喝了一会儿便昏昏欲睡。虞姬善解人意，请项羽安卧榻中，闭目养神。于是项羽躺下休息，虞姬坐守一边，心神不宁。外面寒风呼啸，凄凄惨惨，令人更添愁烦。忽然又传来一片歌声，凄婉哀怒，此起彼伏，虞姬禁不住愁肠寸断，眼泪直流。再回头看项羽，已经酣然入梦，虞姬有口难言，悲痛欲绝。

这是汉营中张良编出一曲楚歌，他叫将士到楚营旁，四面唱和，字字凄凉，楚兵听到歌声后均被打动，思乡心切，相继退散。连多年跟随项羽的钟离昧、季布等人，也悄悄逃走了。甚至项伯，为保性命，也偷偷投降张良，只有项羽八百骑亲兵，镇守营门，没有叛离。

歌声虽然凄惨，却情真意切。虞姬知道这歌声来自汉营，可那字字句句无不勾起她的思乡之情，禁不住心平气和地听了下去。

这时，项羽已经酒醒，听到楚歌，大吃一惊，他走出帐外细听，听到歌声来自汉营，更是疑惑不解："楚地已经被汉军占领了吗？汉营中怎么会有许多楚人呢？"正说着，有人通报：将士纷纷逃走，仅存八百人。

项羽大惊失色："这是真的吗？"于是，立刻返回帐内，见虞姬一旁站立，已泪流满面，自己也禁不住落泪。见酒菜还没有撤去，于是命厨人烫热，叫过虞姬，同她再饮。

酒意正浓，项羽对虞姬说："爱姬好久没有舞剑了，愿你为我一舞，助我酒兴如何？"

"好！"虞姬回答。她提起衣裙，来到席前，左手从容执双剑，右手挽了个剑玦，拜见项羽。随后，双手分执双剑，轻歌曼舞。

歌声越来越小，剑舞却越来越快，后来，只见在席前一道白光滚来滚去，过了一会儿，剑光忽收，虞姬将双剑收起，走上前去，为楚霸王斟酒。虞姬想，项羽如此忧愁，不如借酒浇愁，喝个酩酊大醉，倒能暂时忘却忧愁。

虞姬舞剑后，项羽顿生豪气，面露笑容："很久没有见你舞剑，你的剑技更加精湛了!来，来，来，寡人敬你一杯！"

虞姬接过酒杯，一口气喝完。这时，帐外忽然传来一声长嘶，那是项羽的乌骓马在悲嘶，似乎在为它的命运而哀叹。项羽听到马嘶，回头看虞姬，越发凄凉。

项羽对虞姬说："你为我舞剑助兴，我无以回报，就让我为你唱一曲楚歌吧！"

项羽喝了几杯酒，唱道：

力拔山兮气盖世，
时不利兮骓不逝。
骓不逝兮可奈何？
虞兮虞兮奈若何！

乌骓马和虞姬是项羽生平的最爱，这次被围垓下，自知必死无疑，只是舍不得美人、骏马，所以悲歌慷慨，虞姬很了解项羽此时的心情，她也为项羽唱了一支很伤感的曲子：

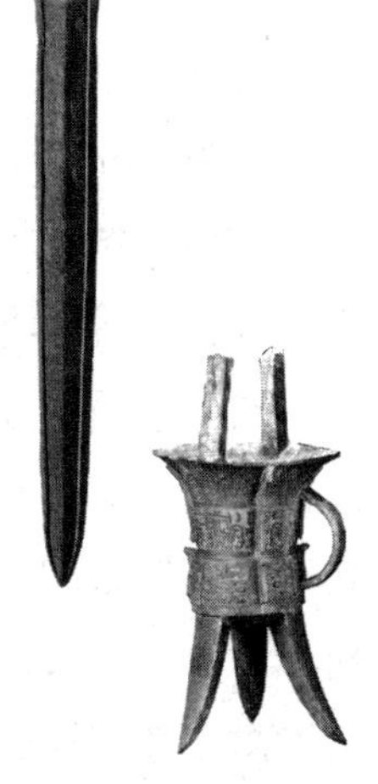

汉兵已略地，
四方楚歌声。
大王意气尽，
贱妾何聊生！

听了虞姬的歌，项羽再也忍不住了，他哭了，悲痛欲绝。

此时营中击了五下更鼓，项羽对虞姬说：“天快亮了，我要与敌人拼死一战，你该怎么办呢?”

虞姬说：“妾蒙大王厚爱，生是大王的人，死是大王的鬼；如果能归葬故土，死也瞑目!”

项羽说：“你如此娇弱，怎能出围？你可自寻生路，我当与卿永别了!”

虞姬忽然站起来，对项羽说：“我与大王生死相随，愿大王珍重!”说到这儿，虞姬拔剑自杀了。

项羽来不及相救，痛哭流涕。

（四）乌江自刎

项羽见虞姬已死，自言自语说：“如果我被困在这里等死，一世英名岂不丧尽？不如杀出重围，返回江东，重整旗鼓，报仇雪恨；要么战死沙场，也算死得轰轰烈烈!”于是，项羽安葬完虞姬，强忍泪水，趁天还没亮，率亲兵几百骑，越过楚营，一路南逃。

汉兵得知，立刻报告韩信，韩信听说项羽脱逃，急令将军灌婴率领兵马去追击，项羽担心汉兵追来，匆忙赶到淮水滨，找船渡河。

此时仅剩下一二百人。走到阴陵，见前面有两条路，不知哪条通往彭城，犹豫不决。恰好有老农在耕田，便向他问路。不幸的是老农认出了项羽，他对项羽的暴虐十分憎恨，老农竟朝西指道：“向这边走。”项羽信以为真，策马向西边奔去。

约跑了好几里，前面传来流水声，一个大湖挡在路上。至此，项羽才知道上了当，赶紧撤退，返回原地，又向东走。经过这一折腾，汉将灌婴追了过来，幸好有乌骓马，项羽才得以逃生，并有几个人跟了上来。

到了东城，项羽清点人数，只剩下二十八人。四面的击鼓声、呐喊声，越来越近。项羽自知今日无法逃脱，来到山前，登上山冈，对骑士说：“自我起兵以来，转眼间已有八年，大小战役七十余次，所向披靡，百战不殆，所以占有天下，今日被困在这里，想必我气数已尽，并非我不能与战！今日我亡，皆为天意，并非我的过错!”

说完，汉兵已从四面八方围住了山。项羽于是分二十八骑为四队，迎战汉兵，奋勇杀敌。一员汉将躲闪不及，一命归天。汉兵见状，纷纷撤退，项羽骑马下山。山下的汉将，凭借人多势众，重重包围，项羽一一杀退。

项羽冲出重围后，来到乌江。二十余骑也来到江畔。

正好乌江岸边有泊船，亭长请项羽渡江过去，并劝他说："江东虽小，大王尚有立足之地，现臣有一船，愿大王立刻上船。"项羽笑道："上天既然要我灭亡，我为什么还要渡江呢？况且，当初我项羽带领江东的子弟八千人，渡过乌江向西挺进，现在无一人生还，即使江东的父老兄弟怜爱我而拥我为王，我还有什么脸面去见他们？即使他们不说什么，我难道不在心里感到惭愧吗？"接着又说："我知道您是年高有德的人，我骑这匹马五年了，曾经日行千里，不忍心杀掉它，把它赠给你吧！"

项羽命令骑兵都下马步行，手持短小轻便的武器交战。仅仅项羽就杀了汉军几百人，当然自身也受了十几处伤。回头看见汉军骑兵中的司马吕马童（原是项羽部将，这时已背楚归汉）说："你不是我的老朋友吗？"吕马童面对着项羽，指示给王翳说："这是项羽。"项羽便说道："我听说刘邦拿一千两黄金、一万户封邑悬赏，征我首级，我今日就让你得封赏吧！"

说完，项羽拔剑自刎了。

一代枭雄，就此陨落！

历时三年多的楚汉之争，也就此落下帷幕……

项羽的一生虽然短暂，却留下了许多故事和传说，还有许多话题。大家熟知的破釜沉舟、作壁上观、衣锦夜行、沐猴而冠、四面楚歌、霸王别姬，以及"项庄舞剑，意在沛公"和"无颜见江东父老"等均与他有关。最脍炙人口的诗则是李清照的五绝：

生当作人杰，
死亦为鬼雄。
至今思项羽，
不肯过江东。

再造唐朝——郭子仪

郭子仪（697–781），华州郑县（今陕西华县）人，唐代著名的军事家。安史之乱时任朔方节度使，在河北打败史思明。联合回纥收复洛阳、长安两京，功居平乱之首，封汾阳郡王。郭子仪一生经历了七朝，在四朝为将，前后共六十余年，其中有二十余年系天下安危于一身，为维护唐朝的统一和社会的安定做出了巨大的贡献。他居功不傲，宽厚待人，真正做到了“权倾天下而朝不忌，功盖一代而主不疑”。

一、武举出仕　勇立首功

（一）世家子弟初露峥嵘

郭子仪出身于官僚家庭，父亲郭敬之，文武双全，为人正直，官至刺史等职。在这样的家庭环境中，郭子仪自小就受到父亲的严格教诲，不但接受了“修身齐家治国平天下”的儒家正统思想，而且特别爱读兵书，并勤练武功，无论读书还是习武都很刻苦。

少年时代的郭子仪长得俊秀挺拔，剑眉星目，十分惹人喜爱。成年后，郭子仪更是出落得身材魁梧，体魄健壮，面貌英俊。郭子仪不仅枪法娴熟，武艺高强，而且还公正无私，不畏权贵。传说，他 20 岁时，在河东（今山西太原）服役，曾犯有过失，按军纪应该斩首。在押赴刑场的途中被当时著名诗人李白发现。李白本来和他并不相识，但见他相貌非凡，凛然不惧的样子，甚感可惜。又听说他颇有才能，意志坚强，便赞叹地说：“这样的人，将来一定能为国家做出一番大事业，杀了多可惜啊！”李白为郭子仪感到惋惜，便立即到当地官员那里说情，最后以自己的官职做担保，把郭子仪救了出来。从那以后，李白和郭子仪成了莫逆之交。后来，李白参加永王李璘幕府，因受牵连下狱，郭子仪曾经请求替他赎罪，报答他当年的救命之恩。

郭子仪的青年时代正处在民富国强、社会繁荣的大环境中，也就是所谓的“开元盛世”。在这一时期，社会经济稳步发展，国力强盛。唐玄宗李隆基励精图治，扫除积弊，任用贤能，从而使得社会政治清明，人民安居乐业。当时伟大的爱国诗人杜甫在他的《忆昔》一诗中描写道：“忆昔开元全盛日，小邑犹藏万家室；稻米流脂粟米白，公私仓廪俱丰实。”大概意思是说：想起当年开元

盛世的日子里，就连一个小县城也要有万户人家。大米喷香，小米金黄，公家和私人的仓库里粮食都装得满满的。

武则天登基后，为了巩固自身的统治，赢得全社会的广泛支持，使自己从李氏家族手中夺取的皇权更加稳固，便开始广泛招揽文武全才参与政治。她十分重视人才的选拔，完善和发展了隋朝的科举制度，选官不再看重出身和财富，而主要以真才实学来选拔人才，从而使得社会的中下层人民也有机会进入统治阶层。同时为了解决国家对军事人才的需求，武则天在长安二年（702 年）创设武举，同时下令允许民间练习武艺，让青少年从小就开始练习骑射技艺，强身健体。武举的创设也为郭子仪铺平了一条步入军界的道路。后来郭子仪果然不负众望，夺得武状元。武举得中后，初任左卫长史（皇帝禁军幕府中的幕僚长），之后因屡立战功，多次被提升。749 年做到天德军使（驻地在今内蒙乌拉特前旗西），兼九原（今乌拉特前旗北）太守。虽然当时的唐朝正处于民殷国富、繁荣昌盛的“开元盛世”中，对外并没有大的战事，但郭子仪却经常想到可能会发生战事，他一面守卫着国家的边疆，一面严格操练兵马，以备战事需要。

随着“安史之乱”的爆发，郭子仪的人生翻开了崭新的一页。可以说，“安史之乱”带给普通百姓的是无尽的伤痛，摆在郭子仪面前的则是能够使他鹏程万里、扬名青史的机遇。

（二）隐患暗藏危机四伏

唐朝的北部边疆色楞河一带，生活着回纥人，而在西部青藏高原一带，生活着吐蕃人，唐朝同边疆各族虽然也发生过战争，但友好相处和经济文化交流却是主要的。

自高宗以来，唐朝在边疆上一直有重兵驻守。玄宗时，为了加强防御，在重要地区设立了十个军镇，每个军镇都设置一个节度使。节度使起初只负责几个州或一个道的军事，后来兼管行政和财政，权力日益增大，成了独行一方的土皇

帝。而这时的唐玄宗专宠杨贵妃，整日沉迷于酒色中，不理朝政，政治十分腐败。宰相李林甫同杨贵妃的哥哥杨国忠先后掌权，任人唯亲，无恶不作，使社会矛盾日益尖锐。当时边疆的十个节度使的总兵力达到了四十九万，而唐朝中央禁军不过十二万人，形成了严重的外重内轻的局面。唐玄宗骄奢淫逸的生活和节度使权力的过大，终于给驻守北方边境，手握重兵的野心家安禄山、史思明等以可乘之机，这就是唐朝历史上著名的“安史之乱”。

天宝十四年（755 年），平卢（今辽宁朝阳）、范阳（今北京）、河东（今山西太原）三镇节度使安禄山造反，“安史之乱”正式爆发。安禄山和史思明都出生在少数民族部落。安禄山原名阿荦山，父亲是西域人，母亲是一名女巫。安禄山幼年丧父，随母改嫁到虏族将领安延偃家，因而改姓为安，字禄山。史思明则是安禄山从小一块儿长大的好朋友，两人都以勇猛好斗闻名四邻八乡。开元初年，安延偃带他投归了唐朝，在幽州节度使张守珪的部队里做事。唐将张守珪任命安禄山为搜捕官，命他带兵出塞巡逻。而安禄山也确实能干，每次出塞都能生擒数名契丹士兵。张守珪见他作战勇敢又有智谋，就把他收为养子，并推荐给朝廷。这时朝廷由宰相李林甫专权，安禄山便大肆贿赂他。李林甫嫉恨儒臣因战功提升，对自己不利，便劝玄宗说：“文官出任统帅，对真正的战争往往会束手无策，不如重用贫寒出身的蛮族。这些人打仗勇敢，又不会结党营私，陛下只要以恩相待，他们都会忠心为朝廷效劳的。”于是玄宗开始大批启用番将，并对安禄山更加宠信。

安禄山表面看来性格开朗，忠厚老实，其实内心却十分狡诈。当他触及到唐朝政权的核心后，他开始大行韬晦之计，表面上装作愚蒙不敏以掩盖其奸诈。有一次，皇帝让他去见皇太子，他故意不叩拜，左右官员指责他，安禄山说：“臣不识朝廷礼仪，皇太子是何官？”皇帝说：“我百年后将皇位交付给他。”安禄山谢罪说：“臣愚蠢，只知天下有陛下，而不知有太子，罪该万死。”于是再叩拜。当时杨贵妃得到皇帝的宠幸，安禄山即请求做贵妃的养子，皇帝同意了。他叩拜时，必先叩拜贵妃后叩拜皇帝，皇帝对此感到奇怪，他回答说：“番人

是先母后父。”皇帝听后非常高兴，对安禄山更加宠爱。看到皇帝如此相信自己，安禄山的不臣之心更加迫切，他安排亲信在长安探听消息，却每年向皇帝进贡表示自己人臣之意。随着对皇帝性格的熟悉，安禄山越来越讨玄宗欢心。晚年的安禄山身体更加肥胖，腹部的赘肉松弛到膝盖，两只臂膊用力拉牵着腹部才能行走，可在皇帝面前跳起胡旋舞，仍然迅疾如风。皇帝看着他的腹部说："胡儿腹中有何物而这样大?”安禄山说：“唯有一片赤心!”玄宗于是为他的赤诚所深深感动。天宝七年（748 年)，玄宗赏赐给安禄山铁券：只要不谋反，免死十次。安禄山一面在朝廷之上巧言奉承，一面以抵抗蛮族南下为名修筑雄武城，扩充兵士，积聚粮食，储备大量武器；同时他还暗中派遣胡商到各地经商，每年坐收百万之利，采购大量叛乱物资，随时准备谋反。

安史之乱爆发前，唐朝已多年未发生过战争，兵无斗志，军备空虚，尤其是很多名城要塞都没有设防。在这种情况下，野心勃勃的安禄山认为谋反篡权的时机已经到来，只是感觉玄宗皇帝待他不薄，觉得师出无名，所以打算在玄宗死后再起兵谋反。不料主持朝政的杨国忠觉察出了安禄山的狼子野心，屡次向皇帝上奏要提防安禄山。杨国忠的耳边风使得玄宗皇帝逐渐起了疑心，但也加速了安禄山谋反的进程。担心夜长梦多的安禄山于唐天宝十四年（755 年）十一月初九以“奉密旨讨杨国忠”为名，召集了兵马十五万人，号称二十万，从范阳起兵，长驱南下，势如破竹。沿途各地方官看到连绵几十里的叛军队伍，有的弃城逃跑，有的开门迎接。安禄山的叛军一路上基本没有遇到什么抵抗，很快就渡过了黄河，占领荥阳（今河南荥阳)。唐玄宗急忙派封常清率军镇守东都洛阳，高仙芝戍守陕州（今河南三门峡)。十二月，安禄山击败封常清，进入洛阳，并挥军西进，高仙芝和封常清被迫率兵退守潼关。但是，糊涂的唐玄宗误听宦官的谗言，杀害了封常清、高仙芝二将。而后启用卧病在家的大将哥舒翰，率兵八万与封、高旧部合兵号称二十万，进驻潼关。天宝十五年（756 年）正月，安禄山在洛阳自称大燕皇帝，准备与唐朝分庭抗礼。在这紧要关头，郭子仪被任命为朔方（今内蒙古自治区乌拉特旗东）节度

使，率本部兵马讨伐叛军。

（三）奉旨平叛捷报频传

在郭子仪奉命回到朔方后，立即招兵买马，补充兵员，试图从正面战场出击叛军，以收复洛阳。仔细分析战况后，郭子仪认为，必须夺取河北各郡，切断洛阳与安禄山老窝范阳之间的联系，绝其后方供给线，才能有效地打击叛军前线的有生力量。郭子仪首先率军击溃了振武军（今内蒙古托克托）的安禄山叛军，紧接着收编了靖边军，击败了河曲（今山西永济西）叛将高秀岩，收复云中（今山西大同）、马邑（今山西朔县）两郡，打通了东进的道路。同时郭子仪推荐李光弼(契丹人)为河东节度使，令其率军由太原出井陉口(今河北省井陉县)，进入河北中部，收复常山(今河北正定)。史思明闻讯后，亲率两万骑兵从西包围李光弼，争夺常山，双方激战四十多天，均无法取胜。李光弼又因史思明截断了常山粮道，被迫困守，并派人向郭子仪求援。四月，郭子仪急率军出井陉，与李光弼合兵十余万，在常山西南九门县(今河北省藁城西北)大败史思明，然后乘势攻入赵郡（今河北赵县）。

安禄山闻听史思明大败，恼羞成怒，当即派遣蔡希德率精锐骑兵两万前来增援史思明。史思明收集逃散士卒，与援军合兵五万，气势汹汹直逼郭子仪、李光弼驻守的恒阳(今河北曲阳)。郭子仪见叛军来势凶猛，不可一世，为了避敌锋芒，实行疲敌政策，一方面深沟高垒，加强工事，积极做好反攻准备；一方面采取敌来则守、敌去则追的战略战术，白天耀武扬威，夜里偷袭敌营，不给叛军以喘息的机会。史思明的将士由于无法休息，双方对阵几天后，叛军疲惫不堪，士气低落。郭子仪见歼敌的时机已到，与李光弼率军奋然出击，在恒阳境内的嘉山再次大败史思明，杀敌四万余人，俘虏千余人，缴获战马五千匹。叛军首领史思明中箭落马，丢盔弃甲狼狈逃回营中。郭子仪、李光弼率军乘胜追击，围史思明于博陵（今河北定县）。嘉山一战，唐军声名大振，河北中部十余郡的地方官和军民纷纷起来诛杀叛军官吏，归顺朝廷。

（四）良策被拒长安失守

郭子仪和李光弼在河北的胜利，加上河南、山东等地唐军的不断袭击，有效牵制了安禄山叛军的西进，同时也切断了他们与老巢范阳的联系，使整个战争的形势出现了有利于唐军的变化。这时郭子仪提出了坚守潼关，挥军北上，直捣范阳的方略。如果朝廷采纳这个方略，平定安史之乱就不需要很长的时间了。郭子仪的想法是乘胜攻取叛军的老巢范阳（今河北涿州），安禄山也必然会由于后方受到威胁，前面又有哥舒翰坚守在潼关，陷入西进不得、北退不能的被动局面，这样官兵就可以在较短的时间里几路进军，集中消灭叛军。

天宝十五年（756 年）五月，求胜心切的唐玄宗不顾多数大臣的劝告，误听宰相杨国忠之言，在准备并不充分的情况下，强令驻守潼关的哥舒翰出关反攻，收复洛阳。哥舒翰虽然拥有近二十万的军队，但多数士兵都是临时招募来的新兵，并没有太强的战斗力。他认为叛军远道而来，必然要求速战速决，唐军只要凭借潼关的险要之处，坚守阵地，以打破叛军的速决企图，而待其兵力削弱，内部发生变乱时，再大举出击反攻，胜算会更大。但糊涂的玄宗皇帝就是听不进去。哥舒翰知道圣命难违，只好带兵出关，结果在灵宝境内中了叛军的埋伏，全军覆没，他本人也被俘，潼关失守。叛军随即西出潼关，攻占长安，唐玄宗仓皇逃往四川。唐王朝的东、西两京均被叛军占领，战局迅速恶化。郭子仪、李光弼听说潼关失守，唐玄宗西逃，只好率军退入井陉，河北诸郡县重被叛军占领。

二、收复两京 再造大唐

（一）破潼关，收复长安

就在唐都长安陷落之后，唐玄宗带领太子李亨及杨贵妃、杨国忠和数千禁军仓皇出逃。行至马嵬坡（今陕西兴平西）时，随行将士发动了兵变，处死了祸国殃民的宰相杨国忠，并逼迫唐玄宗赐死杨贵妃。唐玄宗最后逃到成都。太子李亨在随行将士的拥护下在灵武（今甘肃灵武）即帝位，称唐肃宗。郭子仪随即奉诏率朔方军五万人赶来灵武护驾。当时的唐王朝已经没有一支完整的部队，当郭子仪率领朔方军到达灵武后，朔方军严整的军容和高昂的斗志给人们重新带来了复兴唐朝的希望，军威国威也都为之一振。

天宝十五年（756年）八月，肃宗任命郭子仪为兵部尚书、同中书门下平章事（宰相），仍兼任朔方军节度使。宰相房琯欲立头功，主动请缨带兵收复长安，得到了肃宗的应允。不想房琯是个只会“纸上谈兵”的将军。他出战前，还向肃宗夸下海口：“臣这次出兵，定能马到成功。不获全胜，决不来见陛下。”但是房琯并没有分析具体的战况，而是机械地照搬古人的“车战法”，用两千辆牛车排成长蛇阵，牛车的一边是骑兵，另一边是步兵，士兵列队前进。战斗一开始，叛军就顺风擂鼓，摇旗呐喊，并乘势燃起大火，火借风势，风助火威。刹那间，只见烟雾迷漫、火光冲天，牛马被火惊吓之后，四处乱窜。片刻之间，唐军的军粮、马匹、营寨全被烧毁，官兵也是四散逃窜，死伤四万余人，房琯本人也几乎送了命。唐肃宗惨淡经营起来的数万军队，一战就损失殆尽。肃宗也真正认识到要消灭叛军，收复两京，非郭子仪不可，同时郭子仪的朔方军也就成了朝廷必须倚重的主力部队。十一月，郭子仪联合回纥击败了欲

进攻灵武的叛军将领阿史那从礼等，歼敌三万余人，俘虏一万人，重创叛军，消除了朔方的后顾之忧，保卫了战时的统治中心灵武的安全。

郭子仪吸取房琯失败的教训，认为要收复两京，必须先夺取潼关，攻入陕州（今河南陕县），击溃潼、陕之间的叛军，截断叛军的后路，然后才能直取长安。由于郭子仪的分析正确，唐肃宗十分赞赏，命令唐军按照郭子仪的军事部署行进。随后，郭子仪领兵直趋潼关，打败了叛军守将崔乾祐，一举夺取潼关，收复了陕州（今河南陕县）、蒲州（今山西永济），清除了进攻长安的障碍，并截断了长安叛军的退路。

经过半年多的积极备战和连续几场胜仗，唐军的军事实力得到很大的加强。至德二年（757年）二月，唐肃宗进驻凤翔（今陕西凤翔）。此时，叛军内部发生了内讧，安禄山被其子安庆绪派人杀害，安庆绪自立为帝，同时驻扎在范阳的史思明又不听从安庆绪的调遣。肃宗看到安禄山已死，便准备大举讨伐叛军。诏令郭子仪为司空，担任天下兵马副元帅，并将收复两京的任务交给了他。四月，郭子仪率军由凤翔东进，准备攻取长安。在击败叛军李归仁的铁骑后，遭到了叛军安守忠等的伏击，只得退守武功（今陕西武功）。

同年九月，求胜心切的唐肃宗任命其子广平王李俶为天下兵马大元帅，郭子仪为副元帅，率军十五万进攻长安，并以“克城之日，土地士庶归唐，金帛女子皆归回纥”的条件，向回纥借骑兵四千前来助战。郭子仪这次吸取了初战失利的教训，加强了部队的纵深防御。他自已率领中军，李嗣业为前军，王思

礼为后军，浩浩荡荡直奔长安西香积寺附近，在香积寺以北安营扎寨，与安守忠、李归仁和张通儒率领的十万叛军对阵。叛军贼首安守忠、李归仁自恃兵精将勇，出城挑战。唐军奋勇迎敌，快逼近敌营时，叛军擂动战鼓，一起冲杀上来，唐军措手不及，只得败退下来。叛军乘机追击。唐军前军将领李嗣业策马扬鞭，赤膊上阵，挥动手中的长刀，对唐军士兵高喊道："叛军已经把我们包围住了，逃跑只有死路一条!"只见他的刀光过处，数十名叛军的人头落地。唐军受到主帅的激励，个个振奋，擂动战鼓，返身杀回，很快将叛军团团包围。此时，回纥兵突然从敌后杀出，敌人腹背受敌，但并没有放弃抵抗，双方展开了激烈的白刃战，一直从中午厮杀到傍晚，唐军最终大败叛军，歼敌六万多人，生擒两万余人，残兵败将狼狈逃回城内。

郭子仪手下的战将仆固怀恩认为机不可失，主张连夜攻城，彻底消灭贼首，以免他们羽翼丰满，再生后患。他数次请求大元帅李俶，要求带兵前去追杀。但李俶以部队疲劳为由拒绝了他的请战要求。结果叛军将领李归仁、张通儒等连夜逃出了长安，唐军丧失了乘胜歼敌的良机。第二天，唐军进入长安城。老百姓听说唐军回来，都喜出望外，夹道欢迎。有的甚至喜极而泣地说："想不到今天又见到了官军。"纷纷杀鸡宰羊，抬出美酒欢迎唐军。肃宗在凤翔听到捷报，群臣称贺。

（二）施妙计，光复洛阳

长安收复后，肃宗由灵武迁回长安。唐军乘胜在郭子仪的率领下向洛阳进军。驻守洛阳的叛军守将安庆绪听说唐军前来攻城，慌忙派大将庄严、张通儒带领 15 万大军前去迎战。叛军在新店(河南省郏县西)与唐军相遇。新店地势险要，易守难攻。而叛军更是依山扎营，居高临下，形势对唐军非常不利。郭子仪为了化劣势为优势，趁叛军立足未稳，选派两千名英勇善战的骑兵，向敌营

冲杀过去，又派了一千名弓箭手埋伏山下，再令协助作战的回纥军从背后登山偷袭，自己则亲率主力与叛军正面交战。一切部署完毕，唐军立即擂鼓出战。叛军从山上猛冲下来。郭子仪佯装败退，边战边走。叛军大喜，倾巢出动。这时，突然杀声如雷，一干唐军埋伏的弓箭手像神兵一般从天而降，万箭齐发，无数的箭镞像雨点一样射向敌群。而此时，李嗣业率领的回纥兵也从山后杀了出来，叛军在漫天的尘土中看到猛冲过来的回纥兵，大惊失色，阵脚大乱。郭子仪乘势杀了个回马枪。叛军前后被围，左右挨打，进退无门。正在这时，又听到四处高喊："回纥兵来了，赶快放下武器投降吧!"在唐军和回纥军的合击之下，叛军被打得溃不成军。死伤的士兵连道路都给堵塞了。庄严、张通儒拼死才逃回洛阳，向安庆绪建议："三十六计，走为上。"安庆绪走投无路，只好收拾残部，弃城北走，官军一举收复洛阳。

洛阳收复后，郭子仪因战功加封司徒，封代国公。返朝后，肃宗十分高兴，亲自带领仪仗队到霸上（今陕西西安东）迎接。并盛赞他说："大唐虽然是我李家的天下，实际上是由你再造啊!"郭子仪叩首感谢。同年十二月，郭子仪返回洛阳，奉命筹划北上讨敌之策。

三、功高受谗 屡失兵权

（一）相州兵败，痛失兵权

唐军收复两京后，唐肃宗并没有及时组织大军追击叛军，而是忙于大封功臣，庆贺胜利。而退守相州（今河南安阳）的安庆绪便乘此机会，在河北诸郡招募新兵，并收集各地的散兵游勇。不久，安庆绪就重新聚集了六万多人的队伍，固守相州，以对抗唐军。直到乾元元年（758年）七月，唐肃宗才下诏令命郭子仪北征。驻守相州的安庆绪令部将安守忠南下抵抗，双方在黄河北岸展开激战，唐军几个回合就击溃了叛军，俘虏了安守忠等叛将，胜利返回洛阳。郭子仪奉诏回长安献俘虏，唐玄宗亲率文武百官列队相迎，诏封郭子仪为中书令。九月，唐肃宗令郭子仪、李光弼等九节度使统兵二十万，征讨安庆绪。唐肃宗认为李光弼的功劳和郭子仪相当，难以相互统属，所以此次出征并未设元帅，而是以宦官鱼朝恩为观军容宣慰使，负责节度诸军，鱼朝恩实际上就成了这支大军的最高统帅。

十月，郭子仪率兵渡过黄河，进至获嘉（今河南获嘉），击败安庆绪大将安太清，歼敌五千余人，然后继续进军围攻卫州（今河南汲县）。安庆绪倾巢出动，派兵七万分三路增援卫州。郭子仪严阵以待，将三千弓箭手埋伏在营垒之后，并命令士兵说：“我军退，贼兵必追我，你们即可登上营垒，万箭齐发。”然后自已率领部分军队与安庆绪交战，几个回合之后佯装败退。安庆绪不知是计，率兵追击，唐军金鼓齐鸣，箭如雨下，叛军死伤惨重，被迫撤退。郭子仪率兵乘胜追击，斩杀敌军四万余人，缴获铠甲数十万，活捉安庆绪之弟安庆和，收复卫州。而后郭子仪率军继续向相州进发，其他节度使也率所部赶到，将相州城团团围住。安庆绪龟缩在相州城内，走投无路，只得向史思明求救。

十一月，史思明率兵十三万南下，见唐军势力强大难以抗衡，便先派部将李归仁率步骑万人攻占了相州城北的滏阳（今河北磁县），与安庆绪遥相呼应，后又分兵三路南下，攻占了魏州（今河北大名）。史思明在魏州以逸待劳，按兵不动以待时机。乾元二年（759年）二月，郭子仪为了将叛军一网打尽，令士兵挖通相州城墙，引漳河水灌城，相州城顿时变成了一片汪洋。虽然城中叛军粮食奇缺，但安庆绪仍坚守了四个月等待史思明的救援。相州城内，粮食吃尽了，人们就挖野菜，削树皮充饥，后来连一只老鼠都能卖到四千文的天价。本来攻陷相州城已是朝夕之事，但是由于唐军没有统一的号令，诸军各自为战，宦官鱼朝恩又根本不懂军事，围城日久而不见成效，军心早已懈怠。史思明见有机可乘，率兵逼近相州城，令诸将在距相州城五十里的四周扎营，每个军营还配备几百面大鼓，日夜擂击，震慑唐军；而且还让每营选派精锐骑兵，每天轮番骚扰唐军。在叛军的骚扰下，唐军日夜防范，疲于奔命，士气愈加低落。史思明还派人乔装唐军，截击唐军粮车，焚烧了唐军粮饷，致使唐军粮食奇缺，军心浮动。在准确地掌握了唐军的士气后，养精蓄锐的史思明突然率精兵同唐军展开激战。两军正交战时，忽然狂风呼啸，咫尺之间看不清东南西北。双方都阵营大乱，唐军向南溃退，叛军向北奔逃，辎械丢得漫山遍野，郭子仪只得收集残余部队，带领朔方军退守洛阳。史思明集结兵马进入相州城，诱杀了安庆绪，收编了他的军队，留下其子史朝义驻守相州，自率大军返回范阳。

这次战斗，唐军由于缺乏统一指挥，损失惨重，各路王师只得撤回本镇。本次战斗失利，应问罪鱼朝恩，但不明是非的肃宗，不但不斥责鱼朝恩，反而给他封官加爵，更加器重他。鱼朝恩由于得到皇帝的宠爱，越发盛气凌人。他一向嫉妒郭子仪，怕他功高位重，对自己不利，因此常在肃宗面前诽谤郭子仪。为了陷害郭子仪，鱼朝恩硬把相州一战失利的责任推在郭子仪身上。糊涂的昏君，信以为真，竟然夺了郭子仪的兵权，召他回朝，让李光弼代替他指挥朔方军。

郭子仪接到皇帝的命令，连夜返京。由于郭子仪平时对待士兵宽厚仁爱，从不打骂、训斥士兵，因此将士们听说郭子仪要离开他们，都跑来挽留。有的哭哭啼啼，

依依不舍；有的要跟他一同去长安。郭子仪也不忍和将士们分离，但又不敢违抗皇帝的命令，他宽慰将士们说："我是去送京城派遣来的使臣，哪里是离开你们，你们要服从命令。"说罢怅然离去。

（二）重掌帅印终平叛贼

史思明听说郭子仪被夺去兵权后，心中大喜，立即率大军南下，攻占了汴州（今河南开封）、郑州等地，乾元二年（759年）五月带领大军向洛阳进犯。软弱的唐朝廷十分恐惧，无计可施。驻守洛阳的李光弼接连吃了几次败仗，被迫再次放弃洛阳，退守河阳，而洛阳则又重归史思明手中。上元元年（760年）正月，在家闲居年余的郭子仪被起用，任命为邠宁（今陕西彬县）、鄜县（今陕西富县）节度使。鱼朝恩又进谗言不让郭子仪赴任，肃宗便让郭子仪留在长安，成为名义上的两镇节度使。这时朝廷上下议论纷纷，都说："郭子仪为朝廷立过多次战功，又善于用兵，为什么放着良将不用，让叛军逞凶呢？"肃宗醒悟过来，九月又任命郭子仪为诸道兵马都统，率诸道军七万人出朔方直攻范阳。但诏令刚下达，就被鱼朝恩给拦下了。平日里鱼朝恩就把郭子仪看成眼中钉，常想设计陷害他，因此更害怕郭子仪功劳太大对自己不利，于是这一诏令就又被废止了。

史思明在占据洛阳不久，就被自己的儿子史朝义杀死了。上元二年（761年），李光弼邙山战败，河阳失守，京城长安再一次面临叛军的威胁。伴随着洛阳、河阳的失陷，河东（今山西太原）一带的驻军也骚动起来，太原、绛州（今山西新绛）两地驻军擅杀主帅，朝廷怕他们和叛军连成一气，深以为忧。无奈之下，肃宗不得不再次起用已经年满六十六岁的郭子仪前去平定叛乱，并晋封郭子仪为汾阳郡王。上元三年（762年）三月，郭子仪辞朝赴镇，重病中的肃宗在病榻之上对郭子仪说："河东的事情，全都委托给卿了。"郭子仪呜咽流涕而出。来到绛州，郭子仪按军法杀掉了王元振等数十人，平息了兵乱，从此

河东诸镇将帅皆遵奉国法。功勋卓著的郭子仪带兵接连打了几个胜仗，使低落的唐军士气得到了鼓舞。

在郭子仪被重新起用不久，肃宗驾崩。公元 762 年四月，代宗李豫（即李俶）即位。宦官程元振自恃拥立代宗有功，飞扬跋扈，干涉朝政，嫉恨功臣名将，更是把郭子仪视为眼中钉、肉中刺，不断地进谗、挑拨，郭子仪再次被解除兵权，担任“山陵使”，负责修建唐肃宗的陵墓。郭子仪深知皇帝受程元振的控制，误了国家大事，为了向朝廷表示自己的忠心，以防再遭程元振诬陷迫害，就将过去肃宗颁发的多篇诏书和代宗为太子时所赐予的千余件敕书交给代宗审阅，并向代宗上书说：“我的功德像蝉翼一样薄，命比鸿毛还轻。我为唐朝的强大披星戴月，南征北战。东西十年，前后百战。天寒剑折，溅血粘衣。野宿魂惊，饮冰伤骨。跋涉难阻，出没死生。请陛下相信我对唐朝的忠心。陛下要亲近贤人，远离奸臣。不然，唐朝就危险了。”代宗看到书信，回想起当年同郭子仪并肩作战，一起收复两京的往事，不禁潸然泪下，终于为这位功勋卓著的老将所遭受的不公所悔悟，于是亲拟诏书给郭子仪道：朕不德不明，让大臣心中忧虑，这是朕的过错，朕甚感惭愧。从今以后，爱卿不要再有什么疑虑了。”

叛军方面，虽然安庆绪、史思明已死，但史朝义还盘踞在洛阳，对唐王朝构成了不小的威胁。代宗即位后，立即任命雍王李适（即后来的德宗）为统兵元帅，郭子仪为副帅，让他们出兵讨伐史朝义。但由于鱼朝恩、程元振的交相诽谤离间，代宗又一次取消了对郭子仪的任命，而改命朔方节度使仆固怀恩担

任雍王的副手。雍王李适认为单靠唐军的力量无法消灭叛军，便向回纥借来十万大军，攻打洛阳。史朝义败走莫州(今河北任丘北)。史朝义的部下田承嗣、李怀仙等见大势已去，遂率部下向官军投降。史朝义众叛亲离，走投无路，自杀身亡。至此，这场前后延续近八年的“安史之乱”才算完全平定。“安史之乱”给人民带来了极大的痛苦，造成了成百上千的人流离失所，社会生产遭到严重破坏。唐朝廷经过这次战争，国力也逐渐由盛转衰。

（三）计退吐蕃劝君归京

郭子仪虽然屡遭诬陷，被迫赋闲在家，但他却时刻关注着国家的安危。安史之乱以来，西北边境的驻军大多被调到北方去讨伐叛军，造成了西北边境的防务十分空虚，青藏高原的吐蕃势力趁机向内地扩张，屡屡袭击唐朝边境。郭子仪多次上书，指出：“吐蕃、党项不可忽视，宜早为之备。”但是，朝廷却一直置若罔闻，不予采纳。

上元三年（762年），吐蕃大肆攻唐，占领了陕西凤翔以西、邠州以北的十几个州县。边疆官员的告急公文纷纷送来，但上报朝廷的军情文书都被程元振扣压。广德元年（763年）十月，吐蕃兵又占领了奉天(今陕西乾县)，武功（今陕西武功)，直接威胁京城长安，朝廷这才获悉情况。代宗皇帝大为震怒，急命郭子仪为关内副元帅，出兵咸阳，保卫京师长安。但是，由于郭子仪长期赋闲在家，其部属大都离散，此次受命赴任，手下无兵无将，只有随行的二十余人。当他们抵达咸阳时，吐蕃军的二十万人马，遍布原野，已经绕开咸阳，渡过渭水，进逼长安。郭子仪急忙派人回京奏报，请求火速派兵增援，但又遭到程元振的阻拦，消息无法传达给皇帝。吐蕃军越过便桥（长安与咸阳之间的渭水桥)，直抵长安。警报传来，代宗不知所措，东逃陕州，京城禁军也一哄而散，长安城陷入一片混乱之中。郭子仪获悉皇帝离京，忙由咸阳返回长安，人还未到京城，就遇到射生将王献忠带领五百骑兵，挟持着几个亲王准备去投降吐蕃。王献忠见到郭子仪，便怂恿道：“现在皇上东逃，朝中无主。

您身为兵马元帅，废立皇帝之事全在您一句话。”郭子仪将他训斥一顿，并命令他立即率兵去护驾。王献忠对郭子仪一向敬重，马上遵命带兵去追代宗。十月九日，吐蕃大军进入长安，大肆洗劫府库街市，焚烧房屋，长安城被洗劫一空。

长安失守后，郭子仪虽然只有几千兵力，但仍坚守在长安城外，阻挡吐蕃大军的乘势东进。为了壮大军事力量，郭子仪派人四处招抚溃逃的唐兵。逃兵听说郭子仪来招，喜不自胜，几天时间就招集到四千多人马，军势才逐渐兴盛起来。他激励将士要振奋斗志，收复京城。讲话时郭子仪声泪俱下，令众将士深受感动，一致表示，愿听从他的指挥，拼死为国效力。虽然各地支援郭子仪的兵马也先后到达，但和吐蕃相比，仍然兵力悬殊。郭子仪分析了敌强我弱，敌众我寡的形势后，认为只能智取，不可强攻，决定采取声东击西、虚张声势之计。他先派部将段秀实去劝说邠宁（今陕西彬县）节度使白孝德，请他出兵助战；再派羽林军大将军长孙全绪带领二百轻骑，到蓝田城北面，白天擂鼓呐喊，夜晚燃起火把，牵制吐蕃兵力；又派光禄卿殷仲卿率骑兵渡过浐水，在长安城外巡游示威。

吐蕃军见北面和东面的唐军云集而至，不明其中虚实，军心开始浮动。而郭子仪又派人传话给长安城内民众，让他们哄骗吐蕃兵说：“郭令公已率大军从商州赶来，兵马多得不计其数。”吐蕃兵信以为真，开始逐渐从长安撤军。禁军将领王甫奉命潜入长安城内，暗中招集了几百名侠义青年，乘夜在大街上击鼓高喊：“唐朝大军进城了，快快投降吧！”吐蕃兵不知虚实，大为震惊，连夜撤出了长安，弃城西逃。郭子仪率领唐军不战而胜，顺利收复了长安。

此次吐蕃入侵，京城失陷，天下人都将责任归罪于乱政的宦官程元振，谏官也多次参奏他，程元振非常害怕。这次郭子仪又收复了长安，立下大功，威信越来越高。程元振深怕代宗重用郭子仪，所以极力劝代宗在洛阳建都，以达到继续控制朝政的目的。为了国家的利益和朝廷的安稳，郭子仪上书给代宗皇帝：“长安地势险要，前有终南山、华山做屏障，后有泾、渭二水护卫，右连陇蜀（今甘

肃、四川地区），左接崤、函（崤山、函谷关），进可攻，退可守。秦汉两朝占领长安称帝，隋炀帝因弃长安而亡。高祖先入关而后定天下，太宗以后鲜有定都洛阳。平定安史之乱，既是天意，也得益于长安得天独厚的地势条件。至于此次吐蕃入侵，乃是人祸所致。长安经过几朝的建设，宫殿华丽，市场繁荣，经济发达。再看洛阳，经过几场战火，满目疮痍，宫殿多被烧毁，又地处中原，无险可据，宜攻不宜守，请陛下慎重考虑。”

代宗看完奏章，禁不住热泪盈眶，对左右文武百官说：“郭子仪尽心于国家，真正是社稷之臣。朕要早日返回京师。”

广德二年（764年）十一月，代宗从陕州返回长安，郭子仪伏地请罪，皇帝将车停下来安慰他说：“朕没有及早用卿，所以才到这种地步……”随后，代宗赐给郭子仪铁券（免死牌），并下令在凌烟阁为其画像，以表彰他挽救社稷的特殊功勋。

四、单骑退回纥

广德二年（764 年）正月，在平定安史之乱过程中立有大功的朔方节度使仆固怀恩与朝廷的矛盾逐渐公开化。仆固怀恩原是郭子仪的部下，长期在郭子仪的麾下当职，在收复两京的战斗中，曾立下过汗马功劳。后来郭子仪被夺兵权，仆固怀恩出任朔方节度使。由于功高位重，屡遭佞臣的诬陷，他本人也常居功自傲，对朝廷的封官加爵不满，朝中有人诬告他要谋反，代宗皇帝的态度也并不明朗，这就更加深了仆固怀恩和朝廷之间的猜忌。安史之乱平定后，仆固怀恩率数万朔方军驻守汾州（今山西汾阳），准备发动叛乱。代宗考虑到郭子仪长期任朔方节度使，又以治军宽厚而深得人心，朔方将士对郭子仪的思念如同孩子对父母的思念一样深厚，而仆固怀恩本人也是郭子仪的部将，对郭子仪有一定的感情，因此代宗于广德二年正月任命郭子仪兼任河东副元帅、河中（今山西永济）节度使，率军镇守河中。随后又任命他为朔方节度大使，用以镇抚仆固怀恩。诏令一下达，仆固怀恩的将士就纷纷议论："我们跟着怀恩背叛朝廷，有何面目见汾阳王（即郭子仪）？"二月，郭子仪到达河中，适逢城中守将纵容士兵抢掠百姓，郭子仪整饬军纪，斩杀数十人，河中秩序从此恢复安定。仆固怀恩的部队闻听郭子仪到来，内部发生分裂，将士离心，不愿再跟随仆固怀恩反唐，众将领率军归附了郭子仪，其他反叛部队闻讯后也纷纷归顺郭子仪。仆固怀恩的母亲当初曾坚决反对他叛唐，在仆固怀恩兵败后，他劝母亲跟他一起逃走，遭到母亲的怒斥，并提刀要杀仆固怀恩，说："我为国家杀此奸贼，取其心以谢三军！"在众叛亲离的情况下，仆固怀恩仅率数百骑兵逃往灵州（今宁夏灵武）。郭子仪到达汾州后，仆固怀恩部众全部归顺。

就这样，郭子仪兵不血刃而平定一方，避免了一次大规模的叛乱。

广德二年十月，仆固怀恩招集吐蕃、回纥军共计十万人马，绕过邠州，进逼奉天，京师惶恐。唐代宗以郭子仪出镇奉天。仆固怀恩率领十万大军（包括吐蕃、回纥兵）来到奉天，在城外挑战，诸将纷纷请战，郭子仪制止他们说：“敌兵深入，其利在于速战，我坚壁以待之，彼必以为我军虚弱，不加戒备，如此即可破敌。如果匆促出战，一旦不利，则众心离散。有再敢言战者斩!”郭子仪随即部署部队，加固城墙以待之，果然一路横冲直撞、势如破竹的仆固怀恩的部下看到奉天城外唐军严整的军容和随风飘扬的帅旗上异常醒目的“郭”字，惊慌不已，不战而退。

永泰元年(765 年)九月，仆固怀恩再次勾结吐蕃、回纥、吐谷浑等共计三十万大军进犯唐朝。敌军来势凶猛，接连攻陷了邠州、凤翔、奉天等地，长安告急。代宗四处调兵遣将，扼守要冲，自己亲率禁军屯守在长安禁苑中，同时急召郭子仪从河中返回，屯驻长安北面的泾阳（今陕西泾阳县）城，抵御贼兵。

十月，郭子仪刚到泾阳，就被敌军重重包围。面对十倍于己的强敌，郭子仪镇定自若，毫不慌乱。他一面部署诸将四面防守，一面亲率骑兵出没于前后左右侦察敌情。恰在这时，仆固怀恩在行军途中暴病而死，群雄无首，各自为战。率领回纥兵的主将是怀仁可汗的弟弟药葛罗，他为了防止被吐蕃乘机吞并，将兵营从城北转移至城西。郭子仪得知后，心中暗喜。他认为，在平定安史之乱收复两京的战役中，自己曾亲率大军与回纥军并肩作战，在回纥军中有较高的威望，有可能利用回纥与吐蕃的矛盾，说服回纥共同击败吐蕃。于是郭子仪派自己的得力部将李光瓒前去回纥大营试探，面见回纥军主将药葛罗。李光瓒见到药葛罗后，转达了郭子仪的问候，同时劝其不要与唐王朝为敌。药葛罗听说他是郭子仪派来的，疑惑地问：“郭令公真的还健在吗?”仆固怀恩说：“天可汗(指唐朝皇帝)已经抛弃四海，郭令公也已谢世，中原无主，我们才随同他来的，否则我们也不会率兵攻唐。如果郭令公确实在此，就请他亲自来和我们见面。”

李光瓒回城后向郭子仪做了汇报。郭子仪深知只有争取回纥和唐军联合，重点打击吐蕃，才能取得战争的彻底胜利。如果错过这个机会，战争的胜负，京城的安危不堪设想，他立即决定，亲自到回纥军营走一遭。他说：“现在敌我兵力悬殊太大，难以武力取胜。我与回纥将士曾有着比较亲密的关系，不如亲自去和他们谈一谈，也许有可能使回纥兵不战而退。”多数将领赞同郭子仪的意见，但又为他的安全担心，提出派五百精锐骑兵一同前往。郭子仪不同意，并说这样反而会弄巧成拙，引起对方怀疑而耽误了大事，于是决定单骑进入回纥军营。这时随父出征的儿子郭晞急忙赶来，拦住马头哭道：“回纥像虎狼一样凶残，父亲您身为国家元帅，怎么能冒生命危险去回纥军营中谈判呢？”郭子仪严肃地说：“根据目前的形势，如果两军开战，不但我们父子性命难保，就连国家的命运也危在旦夕。如果能以诚意说服回纥，则是天下之大幸。万一谈判不成功，我就以身殉国。”郭晞还是拦着马头不放，郭子仪扬起马鞭，向儿子的手上打去，儿子不得不松开了缰绳，郭子仪仅带几名随从，直奔回纥军营。

郭子仪边走边叫随从高喊：“郭令公来了！郭令公来了！”回纥首领药葛罗，怕唐军用计，赶紧叫部下摆阵，自己也搭弓上箭，准备射击。郭子仪见此情形，不慌不忙翻身下马，脱下盔甲，放下刀枪，牵着马继续向回纥军前走去。回纥首领仔细辨认，见果真是郭子仪，纷纷下马施礼，上前迎接郭子仪。药葛罗也放下弓箭，赶紧走上前跪拜迎接。郭子仪扶起药葛罗，与回纥将领一起走进帐内。一阵寒暄过后，郭子仪对药葛罗说：“你们为唐朝立过大功，朝廷待你们也不薄，现在为什么要违背盟约，进攻我大唐？仆固怀恩叛君弃母，世人唾骂，能对你们做什么好事？你们跟着他，抛弃前功而结新仇，背离唐王而助叛臣，这是多么愚蠢的举动！”郭子仪的一番话，说得药葛罗非常惭愧，连连说：“请郭令公恕罪，我们是上当受骗了。仆固怀恩说唐朝皇帝已经驾崩，令公早已去世，中原无主，所以我们才率兵而来。现在皇帝仍坐镇京城，令公又统兵在此，我们哪里还敢再与您为敌呢！”

郭子仪见大事已成，就进一步讲道：

“吐蕃本是我朝舅甥之国，现在忘恩负义，乘中原内乱，不顾与朝廷的关系，屡次兴兵侵犯边境，深入我朝内地，烧杀抢掠，无恶不作。现在吐蕃又想吞并你们，你们为何不反戈一击，这样既能打败吐蕃获取其财物，又可以与唐朝继续友好下去，一举两得，何乐而不为呢？”药葛罗听后，当即表示赞同。双方于是对天盟誓，合击吐蕃。

吐蕃军得知回纥与唐军结盟，感到大势不妙，连夜撤兵西逃。郭子仪当即派遣朔方兵马使白元光率骑兵与回纥会师追击吐蕃军，自己亲率大军继其后，唐军和回纥联军追至灵台西原赤山岭（今甘肃灵台县西），大败吐蕃军，斩首吐蕃士兵五万余人，俘虏上万人，夺回了被吐蕃抢走的工匠、妇女四千多人，缴获的牛羊驼马，三百里内接连不断。各路受仆固怀恩蛊惑来攻唐的大军随之闻风丧胆，逃之夭夭。郭子仪单骑退兵，从此名震千古，传为佳话。

五、再镇叛乱　保卫边关

（一）不战平叛军

就在郭子仪单骑见回纥，与回纥结成同盟，吐蕃闻讯退兵时，唐朝同州（今陕西大荔）、华州（今陕西华县）节度使周智光奉命拦截，在澄城（今陕西澄城）击溃一支吐蕃部队，夺回了被吐蕃掠夺的牛马及军用物资数以万计，并乘胜追击吐蕃至鄜州（今陕西富县）。周智光素与鄜坊节度使杜冕不和，便欲借战乱之机，杀害杜冕族人以泄私愤。鄜州刺史张麟进行劝阻，周智光不听。于是张麟便派兵将杜冕的家族保护了起来。周智光大怒，一气之下杀了张麟，血洗了杜冕的家族，并纵火烧毁民宅三千多间，将财物抢掠一空，返回同州。吐蕃被击败后，周智光进京报捷，代宗没有因其公报私仇、滥杀无辜问罪，这反而更助长了他的嚣张气焰。

周智光返回华州后，更加狂妄。大历元年（766年）正月，代宗令杜冕离职到梁州（今陕西汉中）避难，周智光听说后，私自派兵在商州（今陕西商洛）进行截击，想置杜冕于死地，但由于保护得力，周智光的阴谋并没有得逞。私自谋杀朝廷官员在唐朝是重罪，周智光深知自己罪不可赦，便愈发放纵自己，纠集大批亡命之徒，抢掠民财，同时暗中招兵买马，意欲反唐。他还擅自截留从关东漕运入京的粮米，夺取关东各地进献朝廷的贡品，并杀死押送物品的使者。许多前往朝廷任职办事的官员，因畏惧周智光的残暴，都不敢经过华州，而是悄悄绕到渭北而走同州。周智光闻讯后，不但没有收敛，反而派兵在去往同州的途中拦截，并肆意杀害。由于连年的战事使得朝廷不愿大动干戈。因此代宗对周智光也是一直采取安抚政策，并多次召其回京，但周智光每次都是抗旨不遵。由于华州紧邻京城长安，周智光的所作所为，已经成了朝廷的心腹之患，不得不除之以平民愤。大历元年

十二月，代宗为了招抚周智光，特地下诏书晋升其为尚书左仆射，派使者前往华州宣诏。周智光不但不谢恩，反而大骂使者，并扬言要挟天子以令诸侯。代宗知道后，知其已决意要反，便不再招抚。

大历二年（767 年）正月，代宗决定让郭子仪出兵征讨周智光。由于同州和华州是通往河中的必经之地，河中与同州只有一条黄河相隔，代宗密令郭子仪的女婿工部侍郎赵纵进宫，向其口授密旨。赵纵奉旨，抄小路送往郭子仪的大营。郭子仪阅读诏书后，立即派大将浑瑊、李怀光率军进至渭水边驻扎，准备向南渡河以攻取华州。周智光的部下向来敬畏郭子仪，得知河中军要渡河西攻，顿时军心涣散，斗志全无，纷纷投奔郭子仪。周智光看到自己众叛亲离，自知难以对抗朝廷，急忙向朝廷上表悔过，请求赦免。于是一场叛乱不费一刀一枪便被镇压。这不能不说是郭子仪在军队中的崇高威望所致。

（二）神威镇边疆

周智光叛军归附后，吐蕃再次派骑兵侵扰泾州（今甘肃泾川）。郭子仪奉诏率军西进，从河中移师泾阳，以抵御吐蕃进攻长安。吐蕃听说郭子仪西进，不敢继续南下，转而攻占灵州，郭子仪统帅朔方军主力北上，在灵州大败吐蕃军，斩杀其二万余人，随后带兵返回驻地泾阳。大历三年（768 年）初，关中局势平定，代宗又令郭子仪率军回驻河中。吐蕃得知郭子仪离开泾阳后，又率十万大军进犯灵武。郭子仪率朔方及河中军五万余人西进奉天，派白元光率骑兵反击，在灵武外围大败吐蕃军，歼敌二万。与此同时，郭子仪又派人偷袭了吐蕃的后方基地，焚烧其军粮，吐蕃军不得不再次败退。

吐蕃军队的连年入侵，使得唐朝廷对京城西北的防御问题更加关注。吐蕃兵战场主要集中在京城西北方向，而西北方的邠宁节度使马璘所率的四镇兵马实力无法与吐蕃军相抗衡，但郭子仪统率的朔方重兵却驻守在河中，远离战场，这样使得边境的驻防出现了疏漏。大历三年十二月，代宗下诏任命郭子仪为邠

宁、庆州（今甘肃庆阳）节度使，屯兵于邠州，改任马璘为泾原（今甘肃泾川北）节度使。自从郭子仪镇守邠州后，吐蕃轻易不敢再进犯唐朝边境，由此唐朝西北边境保持了近五年的安定局面。

大历八年（773 年）十月，重整旗鼓的吐蕃再次兵分两路侵扰唐朝。一路以万余人围攻灵州，以牵制郭子仪的朔方军，但很快被唐军击败。另一路十万人为主力，进攻泾、邠等州。郭子仪派朔方兵马使浑瑊率步骑兵五千前去迎战，与在盐仓（今甘肃泾川西）的泾原节度使马璘互相构成掎角之势。但是由于浑瑊属于资历较浅的年轻将领，朔方军中的老将并不服气，不愿听从浑瑊的指挥和调遣。再加上骄傲轻敌，战前饮酒大醉，导致朔方军惨败。浑瑊等奋力突出重围，才避免了全军覆没的结局。与此同时，马璘在盐仓的战斗中也惨遭败绩。郭子仪在邠州得知前线战况失利，紧急召集诸将商讨作战方案。他首先说道："此次战争的失利，责任在我，而不在各位将军。我们朔方军一向以能征善战闻名天下，如今却被吐蕃打败，用什么计策才能一雪今日之耻呢？"诸将面面相觑，无言以对。浑瑊主动请求再战，表示要戴罪立功，以功赎罪。郭子仪答应并赦免了浑瑊，并重新调整了兵力部署，派浑瑊和盐州（今陕西定边）刺史李国臣等率军迂回到吐蕃军背后，伺机发动进攻。吐蕃军闻讯后立即回撤。浑瑊所率大军早已埋伏在吐蕃军所必经的道路两侧，进行伏击。当急速回撤的吐蕃军进入到唐军的埋伏圈里时，浑瑊大喝一声，身先士卒，冲向敌阵，唐军两侧夹击，大败吐蕃军，将吐蕃掠夺的物资等全部追回。而马璘也派兵袭击了吐蕃军的辎重基地潘原（今甘肃平凉东南），杀敌数千人。吐蕃军后方告急，无心恋战，只得全线西退。吐蕃的侵犯又一次被打退。

大历九年（774 年）二月，郭子仪奉命回朝述职。代宗在延英殿单独召见了郭子仪，君臣二人在谈到吐蕃强盛，屡次犯边的危机时，禁不住慷慨激昂，随后郭子仪回家立即起草奏章，就边境问题向代宗提出了自己的建议，在奏章的最后，郭子仪以自己年事已高，力不从心为由，委婉地向代宗提出了告老的请求，以便使年轻的

将领脱颖而出。代宗审阅后，亲下诏书说："爱卿为国家深谋远虑，殚精竭虑，朕十分高兴。但是朕一直依赖爱卿，爱卿切不可辞官告老！"就这样，近八十岁高龄的郭子仪仍旧驻守在唐朝的边疆，忠实地保卫着大唐的每一寸国土。

唐朝与回纥曾经有过很好的合作，曾数次借回纥兵平叛，从而得以重振唐朝社稷。但是回纥兵自恃有功于唐，日益骄横，并且屡生事端。尤其是住在京城里的回纥使者和骑兵常常抢掠百姓财物，欺行霸市，甚至行凶杀人，殴打唐朝官吏。这种情况发展到后来，竟直接转变成了兴兵进犯唐朝边境城市。大历十年（775年）十二月，回纥一千余骑兵进犯夏州（今陕西靖边），被唐军守将击败。驻守邠州的郭子仪得到军报后，立即派出三千精骑前往增援，回纥骑兵闻风而逃。大历十三年（778年）三月，回纥使者回国途经河中时，留守河中的朔方将士早已对回纥兵的骄横忍无可忍，于是就将回纥使者的辎重财物扣留，双方发生了械斗。作为报复，回纥兵在河中城内大肆抢劫财物。鉴于回纥兵的所作所为，已经严重扰乱了边境百姓的正常生活，郭子仪上奏代宗，请求派邠州刺史浑瑊率兵前往河东方向驻防，与黄河西岸的夏州方向构成掎角之势，以抵御回纥骑兵的侵扰。随后随着唐军不断增加兵力，回纥军见唐军防守严密，无机可乘，才逐渐北撤回国。

大历十四年（779年）五月，唐代宗病逝。代宗在遗诏中交代在国家治丧期间由郭子仪代理朝政，辅佐太子。郭子仪这才奉命回朝，结束了自己长达六十余年的戎马生涯。随后，太子李适即位，是为唐德宗。德宗体恤郭子仪的劳苦功高，免去了他的一切军事职务，并赐号"尚父"，让他安度晚年。

建中二年（781年）夏，郭子仪病重。德宗派舒王李谊前往汾阳王府探视问候。此时，这位为大唐的江山社稷战斗了一生的老将已不能起床，只能以手叩头谢恩。六月十四日，郭子仪去世，享年八十五岁。德宗下诏罢朝五日，追赠郭子仪为太师，灵柩陪葬在建陵（唐肃宗陵）。按照唐朝的陵墓制度规定，郭子仪的坟高当为一丈八尺，德宗特下诏命，将郭子仪的坟再增高一丈，以表彰他的盖世功勋。

六、忠君爱民　后世垂范

（一）胸怀宽广铁面无私

安思顺任朔方节度使期间，郭子仪和李光弼同为其部下大将。李光弼比郭子仪年轻十岁，是个很有军事才能的将军，治军严厉，但他很看不惯郭子仪温顺宽容的性格，因此对郭子仪并不尊敬。当年两人即使同桌进餐，也是互相不说一句话。郭子仪和李光弼不合，是军中公开的秘密。

安史之乱爆发后，唐玄宗提升郭子仪任朔方节度使，位居李光弼之上。李光弼怕郭子仪刁难他，曾想调到别的地方去。这时朝廷仍需要一位得力的大将率部队出井陉，去平定河北。于是玄宗向郭子仪征求意见，郭子仪出以公心，推荐了李光弼。李光弼起初并不领情，没想到郭子仪会推荐自己，以为郭子仪是借刀杀人，让他去送死。可是朝廷有令又不能不服从。临行前他对郭子仪说："我早想一死了之。只希望你能放过我的妻儿家人，不要牵连无辜。"郭子仪听到他冤枉自己的话后，拉着李光弼的手，流着热泪对他说："现在国难当头，军情紧急。我器重将军，才点你的将，你我二人当以国家安危为重，哪能计较什么个人恩怨？此次东征重任，只有将军才能担当啊！"于是李光弼受命为河东节度使，郭子仪从朔方军中分出了一万名将士，交给李光弼指挥。当李光弼率大军出发时，郭子仪又亲自前来送行。郭子仪摒弃前嫌，推荐李光弼的高风亮节和宽广胸襟，也一直为世人所称道。

大历二年（767 年）九月，郭子仪正率大军与吐蕃在灵州作战。而此时，有人掘了郭子仪父亲的坟墓，可是盗贼却没被抓到。人们怀疑是受朝中宦官鱼朝恩指使，因为鱼朝恩一向嫉妒郭子仪，并向皇上屡进谗言，一再阻挠皇上任用郭子仪。郭子仪闻讯后，隐而不怒。十二月，郭子仪自泾阳返京汇报战况，

朝廷内外及满朝的公卿大臣都很忧虑，认为郭子仪对这种欺侮祖宗的恶行肯定不会善罢甘休，唯恐他重兵在握，惹出事端。代宗也担心郭子仪会因此事而发动兵变，内心深感不安。待到郭子仪入朝时，代宗便提起此事，并以好言相劝。不料，郭子仪反而声泪俱下，哭奏道："臣长期主持军务，不能禁绝暴贼、士兵盗掘别人坟墓的事，也是有的。现在有人挖我祖坟，这是上天对我的惩罚！"满朝的文武大臣听了他的回奏后，都钦佩他的宽容与谦恭。

大历四年（769年）正月，经常向皇上进谗言诬陷郭子仪的宠臣鱼朝恩突然邀请郭子仪到他刚修建的章敬寺游览。当时的宰相元载也素与鱼朝恩不合，便借机制造郭、鱼二人的矛盾。他暗中对郭子仪的部将说：鱼朝恩的举动，恐怕是别有用心，怕对你们将军不利啊！部将们最后决定派三百武士内穿铁甲跟随保护郭子仪，却遭到了郭子仪的拒绝。郭子仪对将领们说："我是朝廷的大臣，鱼朝恩怎么能随便来谋害我呢？"于是他轻车简从，只带了几个家童前往。鱼朝恩看到郭子仪仅带了几个家童，感到很惊诧，就问郭子仪，郭子仪便把所听到的如实相告。鱼朝恩深感惭愧，感慨地说："如果不是您这样有德行的长者，别人怎能不怀疑我呢？"

郭子仪宽阔的胸怀和坦荡的胸襟令人敬仰，同时他的正直无私、不徇私情更使人敬佩。按照规定，军营中严禁无故骑马奔驰。又一次，郭子仪夫人乳母的儿子仗势违反了这条军纪，军营中负责监察军纪的官员不顾左右的劝告，依法将其处死。郭子仪的几个儿子听说后，向父亲哭诉，说监察官专横无理，目中无人，要父亲将他拿下并用刑。郭子仪听后，把儿子们一顿训斥："你们不明事理，只知袒护家人，却不懂尊重将士，维护军纪！"儿子们吓得一个个再也无话可说。代宗皇帝死后，还没下葬，国家明令严禁杀生。但郭子仪的本家仗着他的权势，偷偷地杀了一只羊。左金吾（唐左右金吾卫掌宫中及京城警卫）将军裴谞把这件事报告给了德宗皇帝。有人提醒裴谞说："郭令公已七十多岁，他是国家的大功臣，怎么不看他的情面呢？"裴谞说："我这样做，正是维护郭令公的声誉，让人们都知道他可敬而又可畏。"郭子仪知道后，严办了他的本家，并亲自向裴谞表示感谢。

（二）治军有方为人楷模

郭子仪是我国历史上著名的军事家。他通晓兵书，但从不机械地搬用古代兵法。他多谋善战，战功赫赫却从不盛气凌人。他待部下的宽厚仁爱是举国皆知的，他从不打骂士兵，对待士兵如同对待自己的亲人一般，因此他一直受到官兵的拥护和爱戴。每当郭子仪奉命调离时，部下将士都是前呼后拥，极力挽留，不舍之情溢于言表。郭子仪唯恐部下惹是生非，每次都再三叮嘱，而将士们也都确实做到了不骄不躁，维护了郭子仪的统帅地位和崇高威望。同时，郭子仪带兵打仗，对自己要求也非常严格，处处做士兵的榜样。他领兵打仗从不侵犯百姓的利益。他常说："养兵千日，用兵一时。要打胜仗，必须把兵练好；要练好兵，就要有充足的军粮。"当时，连年战争，农村经济破坏，人民生活非常困难，筹集军粮确实不易。为了减轻人民的负担，他不顾自己年迈力衰，亲自耕种。在他的带动下，官兵在休战时，一边训练，一边参加农业劳动。动乱时期，他的驻地丰收的庄稼到处可见。这样既充实了国库，又减轻了人民的负担。

郭子仪的治军方法和身先士卒的榜样力量，使他不仅在唐朝军队中享有崇高的威望，在叛军和吐蕃、回纥军中也深受尊敬。安史之乱平定后，原安史叛军的骁将田承嗣被封为魏博节度使，坐镇魏州（今河北大名县东北）。他蛮横无理，不断地进行武力扩张，并逐渐发展成为当时最大的割据势力之一。郭子仪派遣使者前去魏州，田承嗣朝着郭子仪所在的方向遥望叩拜，并指着自己的膝盖对使者说："我这双膝盖，不向别人下跪已有多年了，今天专为郭令公跪拜。"大历十一年（776 年）五月至十月间，河南节度使（治在汴州，今河南开封）李灵耀统兵自重，图谋反叛，对经过汴州的公私财物一律劫持。而唯独郭子仪封地缴纳的财物经过时，他不敢扣留，并且派兵护送出境。在吐蕃和回纥军中，则把郭子仪称为神人，并且只要是郭子仪镇守边疆，吐蕃、回纥都不敢轻易侵犯唐朝边境。

郭子仪不但治军有方，而且在做人和教育子女方面也是后人学习的楷模。广德二年（764 年）十一月，郭子仪在击败仆固怀恩所率联军的进犯后，班师回朝，受

到了朝廷的隆重接待。唐代宗为了表彰郭子仪的退敌平叛之功，加封他为关内、河中副元帅兼尚书令。郭子仪从不把打仗破敌当作升官发财的途径，上表坚决要求辞去尚书令一职。代宗不同意，命令他速到尚书省办理政务，又令文武百官前去庆贺，但郭子仪仍拒不受命，再次上奏说："尚书令之职，太宗皇帝在武德年间曾经担任过，所以此后几朝都不再设置。雍王有平定关东大功，才担任此职。陛下应当继续奉行，不能为了宠信老臣，而破坏了国家法度。自兵乱以来，纲纪破坏，时下与人比高低、争权势已成风尚，我近来一直观察这种流弊，思考如何革除其源头，未敢轻易上奏。现在，叛乱已平，正是陛下建立法规，审核百官的时候，希望朝中兴行礼让，就由老臣开始做起吧。"代宗深深为郭子仪的高尚品德所感动，准其所奏。郭子仪一生几起几落，宠辱不惊，真正做到了"权倾天下而朝不忌，功盖一代而主不疑"的为人臣的最高境界，这与他不贪恋官职权贵，始终以江山社稷为重的思想是分不开的。就这一点，足以为后世为官者之楷模。

郭子仪戎马一生，身份显赫而且长寿。他有八子七婿，都是朝廷重要官员。唐代宗的四女儿升平公主嫁给了郭子仪的六儿子郭暖。在郭子仪的七十大寿时，全家人都来祝贺，升平公主没有参加，儿子郭暖气愤之下打了皇帝的金枝玉叶，并斥责道："你不就是依仗你老子是皇帝而不来拜寿吗，我父亲还不愿意当皇帝呢！"升平公主一听大为恼火，立即回宫向代宗告状。代宗安慰女儿说："这不是你女儿家能明白的，你丈夫说得不错，如果你公公想当皇帝，这江山早就不是咱们家的了。"郭子仪听说此事，立刻把儿子五花大绑押进宫去，请求皇上定罪。代宗笑着说："常言道，不痴不聋，不做阿家翁。儿女们闺房里的气话，何必当真呢？"郭子仪谢过皇恩，回家后还是把儿子痛打一顿，以示教训。这段故事后来被编为戏曲《打金枝》，广为流传。虽然我们对唐代宗所说的是真心话还是委曲求全的托辞无法考证，但可以看出郭子仪的确是一位忠君爱国之臣。

郭子仪的汾阳王府平日里府门大开，上自达官贵人，下至走卒商贩，都可以自由出入，无人过问。郭子仪夫人及儿女们的一举一动外人基本都能看到。

儿子们感到很不自在，而且感觉脸上无光，请求父亲不要再这样做了。郭子仪笑着对儿子们说："你们不知道我的用意啊。现在我们郭家是大富大贵。可是再往前，我们还能求更大的富贵吗？往后退呢，我们又无地可据。如果我们修起高墙，关上大门，不和外面来往，一旦有人捏造事实，诬告我们，再加上朝中嫉妒贤良的人随声附和，到那时候，我们全家老小都将死无葬身之地。现在我府门大开，外人随便出入，即便有人嫉妒我，也找不到借口啊。"儿子们听后，齐声叹服。唐德宗建中二年（781 年）二月，汾阳王郭子仪患病在家，御史中丞卢杞登门问候。郭子仪一反常态，命令妻妾、侍女等统统离开，独自一人卧床接待。众人不明白其中的道理，暗自纳闷。待到客人离开后，郭子仪才说："卢杞脸色青灰，容貌丑陋。一般人尤其是女人们看到他肯定会忍俊不禁，笑出声来。而且卢杞心胸狭窄，为人阴险，定会怀恨在心。但卢杞能言善辩，很有才华，将来如果掌握了生杀大权，一定会报复，到那时恐怕就迟了。"不久，卢杞果然升至相位，而且将那些稍微不顺从他的人统统杀死。郭子仪由于处事谨慎，从而使家族避免了一场灾祸。

七、有关郭子仪的民间传说

在我国民间，广泛流传着许多有关郭子仪的故事和传说，李太白刑场救子仪、武考场鞭打安禄山、郭子仪夜逢九天玄女、百花楼降妖犹六宝等故事几乎家喻户晓。这些故事虽大多缺乏真实的历史依据，却表达了人们对郭子仪的无限喜爱和崇敬之情。

（一）途中遇仙女

传说郭子仪年轻时，因在长安城打死恶少李贵，被官府追查，只身逃离家乡，跑到甘肃去投军，当了一名小军吏。

一次郭子仪奉命去京城催粮，走到途中天已完全黑了下来。突然间，前后左右，红光四射，空中一辆围着绣花锦幛的香车自天而降，车中端坐一位美女，盈盈含笑，郭子仪一见，立即跪拜叩求道：今夕乃七月初七，想是织女临凡，愿仙女赐给我富贵长寿。仙女道：我乃九天玄女也。适才云路过此，特地与你一会。你本是福星，自能大富大贵，多福多男又多寿，何必多问。只是眼下有些小厄，也能逢凶化吉。后来扶持唐室者，应在你身上，望切记珍重。说完，冉冉升天，慢慢隐去。郭子仪拜谢起身，心想：果真如此，我定当效忠唐室，斩绝奸邪。

后来，郭子仪建功立业，出将入相，富贵盛极。他在镇守河中时，得了一场重病，天子和满朝文武都很担忧。郭子仪对来探视的人说：此病虽重无妨，我知道天年未尽。后来郭子仪八十五岁高龄才寿终，八子七婿数十孙，富贵寿考，福禄双全。

（二）大难遇明皇

郭子仪从小习文练武，到十六岁时，已练就一身硬功夫。长枪短棍，样样精通，可以说是文武全才。

五台山上有个铁头长老下山化缘，来到华州城，见郭子仪英俊魁梧，刚直朴实，又得知他学过武艺，只是门路有限，便收他为徒，教他学会了三百六十五路神洪拳，七十二路连环鸳鸯腿，一百单八路点穴法，还教会了他十八般兵器。铁头长老嘱咐郭子仪说：凭你的本身武艺，再加上为师教你的本事，胜你之人不多。你虽有一身本领，但不可目中无人，不敢任意胡为，要替天行道，除暴安良！子仪一一拜领：谨遵师言。后来仍每日用功，天长日久，名声越来越大，还流传着两句话：打遍天下无对手，莫遇华州郭子仪。

郭子仪虽有武艺，且名声很大，但从不恃强称霸，对乡邻百姓更是古道热肠，扶危解难，看见官府欺压黎民百姓，总喜欢打抱不平。华州知府一次受了地方绅士贿赂，枉断官司，使得受害人日夜以泪洗面。他就直入公堂和知府评理，衙役要抓他却被他打了个落花流水。知府见情不妙，只得把案子重审。

这一闹不要紧，却惹出了祸端。有一天，郭子仪正在院中练刀功，他叔父见他宝刀上下翻飞，银光闪闪，如白蛇缠身一般，便近前问郭子仪哪来的这般好刀，郭子仪便收刀给叔父观看。不料叔父年纪大了，人老眼花，一个踉跄跌了前去，恰恰头碰上刀刃死了。华州知府便有了机会，借口说他忤逆杀叔，判成死囚，打入死牢。郭子仪有口难辩，身在牢笼，无可奈何。

适逢唐明皇李隆基出征败入华州，令知府速派兵退敌，亦兵败而回。唐明皇又急旨要知府火速派人保驾，知府无法可想，为保住自己前程，只得呈奏除犯了死罪的郭子仪，就再无能人了。知府也有心计：若郭子仪能保驾安全，我就有功劳，若郭子仪被敌军杀死，就除了我的眼中钉。唐明皇即传令提郭子仪来见，见郭子仪果然虎背熊腰，相貌不凡，就让郭子仪保驾。结果郭子仪杀退追兵，平安回到长安。唐明皇就免去了郭子仪的死罪，还封了他一个军中的小官。

开国功臣——徐达

徐达（1332-1385），明朝开国大将。字天德，濠州（今安徽凤阳）人。他出身农家，少时与朱元璋为友。后跟从朱元璋起兵反元，因智勇超群，位在诸将之上。明洪武元年（1368年），明太祖朱元璋论功将其升中书右丞相，改封魏国公。徐达此后又屡次率军出击。徐达一生有勇有谋，善治军，战功及筑边皆功劳显赫，被朱元璋誉为"万里长城"。洪武十八年二月病卒，年54岁，追封中山王。

一、弃农从军　辅佐明主

（一）农家少年，跻身行伍

徐达（1332—1385），字天德，濠州永丰乡（今安徽凤阳县）人，出身于一个贫寒的农民家庭。艰苦生活的磨炼，培养了他坚毅勇敢、善于动脑的性格。

元朝末年的黑暗统治使他自小就立下大志，要拯救黎民百姓于水火之中。徐达自幼习武，长大以后，成为一个身材魁梧、相貌不凡、智勇双全的汉子。

元至正十三年(1353年)六月，朱元璋回到家乡招募兵士，22岁的徐达听到消息，毅然仗剑从军，投奔到元末农民起义军领袖郭子兴的女婿朱元璋麾下，开始了他的戎马生涯。

初次见面，朱元璋与徐达经过一番交谈，惊奇地发现徐达不仅相貌不凡、身材魁梧，而且才智过人、目光远大，二人谈得甚是投机，于是便有心委以重任。

徐达性格内向，从不轻易向别人透露自己的心思，所以同一行伍的士兵们既夸赞徐达的英武，又畏惧他的威严。也正因为如此，徐达很快便在队伍中树立了自己的威信。更为可贵的是，自从加入红巾军之后，徐达便一直追随在朱元璋左右，两人经常是形影不离，而且两人的想法总是不谋而合。对于朱元璋的委派，徐达也必定竭尽全力去完成任务，并且还不时向朱元璋进献一些“王霸之略”，也因此，徐达很快成了朱元璋的心腹。

（二）用兵持重，脱主危难

元至正十四年七月，朱元璋因濠州起义军内部矛盾尖锐、危机重重，仅率

领徐达、汤和等二十四人离开濠州，南略定远，谋求独立发展。徐达也随朱元璋先后夺取了定远张家堡和横涧山寨，并且补充了兵员，使起义队伍得到了进一步的壮大。

在经过一段时间的观察和了解后，朱元璋对徐达更加欣赏，并正式委任徐达为镇抚，地位在其他将领之上。尽管徐达这时立下的军功还不足以服众，但由于徐达威望很高，因此，对于徐达的升迁，其他将领们也都心悦诚服。这时的徐达，已经成为朱元璋手下不可或缺的一员得力干将。

徐达在被任命为镇抚之后不久，便和朱元璋一道率军攻打并夺取了滁州城。不久，郭子兴也来到了滁州。虽然，朱元璋在率部离开濠州后，便千方百计招兵买马，扩充自己的势力，但在当时天下大乱、群雄四起的形势下，朱元璋和部将徐达等深知，以他们现有的实力想要在抵御元朝官兵和与群雄角逐中立于不败之地，希望依然渺茫。因此，也只能在郭子兴的麾下逐渐壮大。滁州城攻下之后，挣扎在死亡线上的劳苦大众纷纷要求加入义军，一起反对元朝的黑暗统治。几个月后，朱元璋的兵马已达数万之众，这大大增强了朱元璋、徐达的反元决心以及与群雄角逐的信心。对于前来投靠的众多穷苦百姓，徐达开始夜以继日地帮助朱元璋训练军队，以提高军队的战斗力。

至正十五年正月，由于滁州驻军众多，军队粮饷匮乏，朱元璋建议滁阳王郭子兴派兵攻取和阳，以解决部队的缺粮问题。郭子兴采纳了朱元璋的建议，派部将张天祐等率兵攻取和阳。不久，有传闻说张天祐等全部阵亡。于是，郭子兴命令朱元璋率兵两千前去收集其残兵，并设法夺取和阳。稍后，朱元璋带领镇抚徐达、军师李善长等离开滁州，一路上收得散兵三千余人。但是到了和阳后，才知道张天祐等已经占领了和阳城。于是，朱元璋、徐达等顺利入城，安抚百姓。随后，朱元璋奉郭子兴之命驻守和阳，徐达也随其驻守。

不久，原濠州红巾军将领孙德崖等也因其部队缺粮，来到和阳，请求朱元璋资助。朱元璋虽

然考虑到这样做对自己不利，但想到孙德崖部人多势众，并且大家同为起义军，因此，朱元璋以大局为重，不计前嫌收留了他的部队。就在这时，有人在郭子兴面前进谗言，说朱元璋的种种不是，而且郭子兴过去也与孙德崖有矛盾，知道这一消息后大发雷霆，亲自从滁州赶来和阳，训斥了朱元璋。孙德崖听说后很担心，便想悄悄地溜走。朱元璋挽留不住，只好为其送行。朱元璋和孙德崖手下的部分兵士先行出城，正在等待孙德崖，不想忽然城中有人来报，郭子兴已和城中尚未走掉的孙德崖部打了起来，孙德崖已被郭子兴捉住，扣在城里。朱元璋听到后，大吃一惊，想策马回城劝说郭子兴把孙德崖放走，然而途中却遭到了孙德崖弟弟的拦截。其误以为这是朱元璋策划的阴谋，便把他五花大绑，并扬言要杀掉朱元璋为其主帅报仇。徐达在城里听说朱元璋被孙德崖的弟弟扣留，生死未卜，就毅然请求替代朱元璋作人质，以平息这起事件。后经多方调解，孙、朱都被对方释放，这场危机才算平定下来。然而，在这次事变中，徐达的舍身相救深得朱元璋的称赞，两人的关系更加密切了，这也成为后来生性多疑的朱元璋会放心大胆地派遣徐达长时间统率重兵外出征战的重要原因，而这一切反过来也为徐达尽情地施展自己的才华、建功立业创造了良好的条件。

（三）举兵长江，所根应天

和阳事件后约两个月，即至正十五年三月，郭子兴去世，朱元璋逐渐掌握了原郭子兴所领导的红巾军的最高统帅权，其实力也得到了很大的加强，同时徐达也更受朱元璋器重。

随着朱元璋地位的提高和实力的增强，他决定率领徐达等将士渡江南下，与元末群雄角逐，争夺对江南的控制权。不久，徐达便随从朱元璋率军攻破了元将俞通海等据守的水寨，直接与元朝大将、中丞蛮子海牙所部元军对垒，南下的战斗正式打响。

至正十五年四月，朱元璋和徐达等统领舰船，大败蛮子海牙于峪溪口，兵临长江。六月，从江北峪溪口顺流东下，大举进攻长江南岸的军事要地采石。经过激战，朱元璋顺利攻占了采石，建立了进攻江南的桥头堡。然而，在渡江战役初战告捷后，红巾军官兵哄抢粮食、牲畜等财物，打算带回正值饥荒的和阳。朱元璋看到士兵失去了进取心，心急如焚，对徐达等亲信军官说：“今天我们侥幸取得了渡江战斗的胜利，应该乘胜直接攻取太平（今安徽当涂县），如果听任士兵拿着财物返回和阳，日后再攻取江东，恐怕就不容易了。”在这关键的时刻，徐达坚决地站在了朱元璋的一边，并且请求将所有战舰的缆绳全部砍断，以断绝士兵的归心。徐达的立场和态度，进一步坚定了朱元璋继续扩大江南战果的信心。于是，他采纳徐达的建议，毅然下令将船缆全部砍断，并将所乘船只全部推入江水中，彻底断绝了部下将士北归的希望。徐达的建议使得朱元璋如愿以偿，一举攻下了太平。

在朱元璋攻占太平之初，战争的形势并不容乐观。元右丞阿鲁灰、中丞蛮子海牙等率巨舰封堵了采石江口和姑苏口，不仅断绝了朱元璋官兵与江北红巾军之间的联系，而且阻截了朱元璋官兵的北归之路，使得其部下军心不安。与此同时，方山寨民也趁朱元璋立足未稳之机，向太平府城杀来，来势极为凶猛。危急关头，徐达奉命率兵出城，迎战方山寨民，并将其成功击溃。但是，元大将蛮子海牙的水师仍扼守着江面，成为朱元璋的心腹大患。于是徐达在至正十五年八月奉朱元璋之命向东进攻溧水、句容等地，以期截断蛮子海牙的陆上支援。徐达不负重托，兵锋所至，所向披靡，连克溧水、溧阳后，又回师与常遇春等合力击退扼守长江江面的蛮子海牙的水师，确保了朱元璋安然无恙地进军江南的基地太平。

至正十六年（1356 年）三月，徐达随同朱元璋率兵大举进攻集庆（今江苏南京市），在顺利攻占集庆后的一天，朱元璋巡视城池，对随行的徐达等说：“金陵险固，古代所称为长江天堑，的确是形胜之地啊。这里仓廪充实，人民富

足，今天我拥有了它，又能得到诸位的同心协力，何愁大功不成啊！”徐达应声答道：“成功立业并非偶然，今得此地，乃是上天授予的。”不料，徐达这番迷信且带谦让之意的话，在朱元璋听来不仅顺耳，而且深信不疑。当天，朱元璋竟因徐达的这番话，而宣布改集庆为应天。至此，在徐达等人的共同辅佐下，朱元璋终于在江南建立起了一个初具规模的根据地。随后，朱元璋便坐镇应天以经营四方，徐达等为之统兵四出，攻城拓地。

二、转战江淮　平定南方

（一）下镇江，占常州

朱元璋在进占应天后，处境依然是危机四伏。元将平章定定扼守镇江，别不花、杨仲英屯驻宁国（今安徽宣城市），青衣军张明鉴据守扬州，八思尔不花驻扎徽州，石抹宜孙镇守处州，农民起义军领袖徐寿辉占据了池州，起义军领袖张士诚攻陷了平江。朱元璋担心张士诚、徐寿辉恃强将江左、浙右等地吞并，而镇江又是京师应天的后障，如果不立即拿下而被张士诚占领的话，那后果将不堪设想。于是，朱元璋迅速做出决定，派遣徐达率兵乘胜进攻江南军事重镇镇江。

在朱元璋宣布改集庆为应天后不久，徐达即奉命统兵顺长江而下，水陆并进，东攻镇江。在队伍出征前，朱元璋还为了提升徐达在部队中的威信，导演了一场好戏。在出征这天，朱元璋把徐达等将领全部召集起来，历数他们过去放纵部下扰害百姓的种种过错，并要将他们绳之以法，下令军正使拟定其罪。直到徐达率领诸将叩头请罪，谋臣李善长也遵照朱元璋的吩咐佯装出面求情，朱元璋才同意不再追究。其实，朱元璋深知，徐达用兵一向是对老百姓秋毫无犯的。他之所以要选择在这个时候演出这场戏，正是为了整饬军纪，使徐达有

足够的理由和权威约束部下将士。

至正十六年三月十六日，徐达率汤和等挥兵攻打镇江。次日，即攻陷其城，驻守镇江的元军将领平章定定战死。紧接着，徐达又分兵攻克了属镇江路管辖的金坛、丹阳等县。徐达卓越的军事才能和出色表现使朱元璋感到非常满意。三月十九日，朱元璋在镇江开设淮兴翼元帅府，任命徐达为淮兴翼统军元帅，领兵守护其地。七月初一，朱元璋自称“吴国公”，不久设置江南等处行枢密院，又晋升徐达为枢密院同佥。

就在徐达率兵攻克镇江后，张士诚也调兵遣将占领了常州，并且其常州守将还暗中派间谍诱降朱元璋的前线将士，其势力逐渐侵入镇江。徐达侦察到这些情况后，立即派人报告朱元璋，并加紧了城池防护，严阵以待。

至正十六年七月，张士诚派水师进攻镇江。徐达果断出兵抵御，在龙潭成功地击败了来犯之敌。朱元璋得知消息后，派遣使者对徐达说：“张士诚是盐贩出身，奸猾狡诈，将军要多加小心。”并命令徐达先机进取，率军直逼张士诚所占领的常州。就在徐达合兵围攻常州时，得到了张士诚派遣其弟张士德统兵数万增援常州的消息。徐达深知张士德狡而善斗，遂决定以计取之。他先在城外十八里的地方设下埋伏，又命总管王均用率铁骑为奇兵，然后亲自督师迎战张士德。战斗打响后，王均用遵命率铁骑横冲敌阵，张士德的军队阵脚大乱，被迫退却。徐达所设伏兵乘机杀出，张士德被活捉，其部下被杀被俘者数以万计。虽然打败了张士德的援军，但常州城却久攻不下。同年十一月初六，吴国公朱元璋因徐达无法攻克常州，又派精兵二万前去增援。但张士诚的常州守将为了缓解常州之围，千方百计引诱徐达军前的将士，结果新归顺的义兵元帅郑佥院率其部下七千人临阵叛变，严重破坏了徐达的围城计划。常州守军在郑佥院叛军的引导下，直捣徐达设在城南的大本营，幸亏徐达遇险不惊，率军奋起抵御，加上常遇春、廖永安、胡大海等将领闻讯后的火速支援，才解了大本营之危。随着常州城内的粮草的日益减少，张士诚的部下士气也日渐低落。至正十七年三月，徐达所部终于占领了常州城。此役后不久，徐达因功由“江南等

处行枢密院同佥”升任“佥院”。

同年三月十五日，在占领常州后，徐达又乘胜夺取了位于长江出海口处的马驮沙（今江苏靖江市），成功地将镇江、常州、马驮沙三处联结起来，为吴国公朱元璋的政权中心应天府在东部构筑了一个有力的保护屏障。

（二）战宁国，破池州

至正十七年（1357年）四月中旬，徐达奉吴国公朱元璋之命率兵攻打元军盘踞的宁国路。驻守宣城的元长枪元帅谢国玺弃城出逃，但守臣别不花、杨仲英等率部闭城拒战，于是徐达下令围城。刚刚部署完毕，就有一支元兵赶来支援宣城，徐达发兵大败敌军，斩杀无数，余者四散逃跑。

可是，初战告捷的徐达在随后攻打宣城的战斗中，却遇到了意想不到的阻力。原来，宣城城市虽小，城墙却坚固异常，加之城内守军从城墙上发射和抛掷大量箭矢和石块等反击，使徐达几次攻城，都没有得手，部下死伤惨重，骁将常遇春也在交战中身中流矢负伤。吴国公朱元璋得报后，立即亲自统帅大军前往增援，并下令制造“飞车”，在飞车前编竹为屏，以遮挡矢石。准备妥当后，朱元璋命令徐达等兵分数道，同时发起猛攻，城中元军渐渐力不能支。至正十七年四月二十三日，孤军奋战的杨仲英等被迫开城投降。宣城告破后，宁国路所属的太平、旌德、南陵、泾县等也相继归入吴国公朱元璋的掌握之中。

至正十七年七月，徐达自应天率兵攻略宜兴，夺取了常熟，降服了大批张士诚的士兵。徐达兵克常熟后，距离张士诚的统治中心平江（今江苏苏州市）已经不到一百里，因此平江大震。

至正十八年正月，吴国公朱元璋亲征浙江婺州（今浙江金华一带），徐达奉命留守应天。二月，朱元璋返回应天，即派徐达水陆并进，西征陈友谅据守的

皖城（今安徽潜山县北），并顺势占领池州（今安徽贵池市），大败陈友谅增援池州的部队。至正二十年（1360 年）五月，陈友谅派重兵进攻池州，来势极为凶猛。而徐达早已遵照朱元璋的指示做好了迎战准备，守城的士兵在城上击鼓呐喊，而早已埋伏在九华山上的伏兵也乘势杀出，前后夹击，大败陈友谅兵，歼敌一万余人，生擒三千人。然而，在大败陈兵后，徐达和常遇春却在如何处置三千名战俘的问题上产生了严重的分歧。常遇春主张杀死全部战俘，而徐达坚决反对，并说："现在争夺天下的战争刚刚开始，我们绝不能滥杀战俘而断绝了他们归附我们的希望。"由于二人争执不下，只好派使者请吴国公朱元璋来裁决。正如徐达所预料的一样，朱元璋也不同意杀死战俘。但是，在使者回到池州前，常遇春还是不顾徐达的劝阻，在一天夜里擅自下令将三千名战俘坑杀掉十分之九。此事传到朱元璋耳边，朱元璋对常遇春非常不满，命令徐达将剩下的三百名战俘全部释放，并对自己委派常遇春去池州与徐达共掌兵权的决定后悔不已，决定引以为戒，对身边的人说，日后凡有征战，只要徐达出马，就命他一人独掌兵权，统帅诸将。

（三）收复太平，升任相国

至正二十年闰五月，陈友谅挟持徒有虚位的农民军领袖徐寿辉，统兵攻陷了朱元璋占据的太平城。随后，他又弑杀徐寿辉，彻底掌握了蕲黄红巾军的领导权，并且暗中派人约张士诚合力攻打应天府。吴国公朱元璋知道如果陈、张二人联手，自己的处境将会极其不利，于是决定在两股敌军联手之前，主动出击，变被动为主动。主意一定，便派遣陈友谅的故旧持信前往陈军中，谎称愿意为内应，引诱陈友谅迅速来攻应天。在得知陈友谅中计后，朱元璋立即调兵遣将，布下重重陷阱，只等陈友谅上钩。

按照朱元璋的部署，徐达统兵驻扎在应天府城南门外，其他将领也各自领兵分据其他水陆要塞。十日，陈友谅率大军乘船而至，发现中计后，便屯兵龙

湾，与朱元璋对峙。徐达等统领水陆官兵奋勇夹击，慌乱之中，陈友谅率领部分将士仓皇逃往安庆。徐达奉命追击陈友谅，并在采石击溃了陈友谅麾下素以能征善战著称的皂旗军，陈友谅被迫收集残兵败将，放弃太平城，落荒而逃。徐达乘势收复太平。

至正二十一年八月，朱元璋打着“吊民伐罪，纳顺招降”的旗号，率领徐达、常遇春等大将溯江而上，兴师大举讨伐陈友谅。大军所到之处，所向披靡，连克安庆、江州（今江西九江市）、洪都（今江西南昌市）等地。徐达也因在这些战斗中功劳巨大而于至正二十一年升任为“江南等处行中书省右丞”。

经过几年的艰苦努力，吴国公朱元璋不仅在应天站稳了脚跟，而且实力大为增强，形成了与张士诚、陈友谅三强并存的局面。在认真分析形势后，朱元璋决定先除掉陈友谅，后消灭张士诚。

至正二十三年(1363 年)四月，陈友谅再次兴兵顺江而下，直入江西，建造高数丈的巨舰，纠集号称六十万人的大军，倾巢而出，进围洪都。朱元璋守将朱文正、邓愈、赵德胜、薛显率领全城将士殊死搏战，坚守八十五天，陈友谅军仍未能攻破城池。南昌守军浴血奋战，为朱元璋从容调兵遣将，准备与陈友谅决战赢得了宝贵的时间。

七月初六，徐达遵照朱元璋的指令，回师救援南昌。朱元璋在龙江(今江苏南京兴中门外)誓师，亲率大军二十万进击陈友谅。陈友谅听说朱元璋亲率大军到来，遂解南昌之围，东出鄱阳湖返战。这是一场关系到双方生死存亡的大决战，史称“鄱阳湖之战”。徐达作为主攻部队，率军先行，首先与陈友谅相遇于康郎山(今江西南昌康山)，两军依湖对阵。陈友谅军人多势众，舰船高大，气势汹汹。徐达毫无惧色，亲率诸将冒死闯阵，其部下将士大受鼓舞，无不以一当十，奋勇冲杀。徐达一举击败陈友谅前锋，斩杀一千五百余人，缴获巨舰一艘，初战告捷。接着俞通海等乘风发射火炮，焚毁敌船二十余艘，烧死、溺死很多敌军。徐达在敌阵中奋力拼杀，连续酣战。大

火从敌船上烧到徐达的战船上，他一面指挥士兵扑火，一面继续与陈军格斗，越战越勇，并指挥战船在敌阵中节节推进。双方在康郎山鏖战整整一天，湖水被血染成了红色，天空也被炮火硝烟遮蔽得暗淡昏黑。朱元璋军在徐达等勇将的率领下，殊死搏战，击退陈友谅的进攻。此战，徐达首挫敌锋，壮大全军声威，为朱元璋取得决战胜利奠定了基础。当天晚上，朱元璋为防止东线张士诚利用鄱阳湖大战乘机入寇，命令徐达撤出战斗，回守应天。徐达走后，朱元璋指挥将帅士卒继续与陈友谅在鄱阳湖上血战，终于击毙陈友谅，全歼陈军主力，取得鄱阳湖大战的胜利。

徐达回到应天后，严格训练部队，加强东线守备力量。缉查奸细，修缮城池，张士诚无缝可钻，未敢贸然进犯。后来朱元璋称赞徐达说："我让徐达回守应天最为放心，无论遇到什么问题，他都能妥善处理。"可见朱元璋对徐达多么信任。

鄱阳湖大战后，朱元璋还师应天。徐达等率军攻克庐州，不久，奉命再返湖广前线。徐达先后率兵攻取江陵（今湖北荆州）、夷陵(今湖北宜昌)、湘潭州(今湖南湘潭)、辰州(今湖南沅陵)、衡州(今湖南衡阳)、宝庆(今湖南邵阳)、靖州(今湖南靖县)等地，彻底肃清陈友谅残余势力，占领湖湘地区。徐达在消灭陈友谅割据集团的战役中，身经数十战，建立了赫赫战功，为表彰徐达的功绩，朱元璋在至正二十四年正月称吴王后，任命徐达为左相国，地位在众将之上。

时至元至正二十五年秋，江淮流域的反元斗争形势发生了显著的变化。吴王朱元璋在铲除了陈友谅之后，已成为当时实力较为雄厚的一支力量，唯一可与之抗衡的就剩下了以平江为据点的张士诚部。

至正二十五年(1365年)十月，吴王朱元璋因张士诚屡犯其领土，决定兴兵讨伐。十四日，徐达等奉命率马步舟师水陆并进，攻取淮东、泰州等地。大军渡过长江，一举攻克泰州海安坝(今江苏海安)，进围泰州。经月余血战，终于攻克泰州，擒守将严再兴等五千余人。之后，徐达又攻下通州、兴化、濠州等

地。徐达在这些战斗中，师出迅捷，变化无穷，表现出卓越的军事指挥才能。

（四）攻取平江，受封国公

徐达统兵削平淮南地区，不仅达到了吴王朱元璋剪除张士诚肘翼的预期目标，而且进一步壮大了吴王政权的声威，为吴王朱元璋随后派兵消灭张士诚创造了良好的条件。至正二十六年八月初二，吴王朱元璋任命中书左相国徐达为大将军，平章常遇春为副将军，率军二十万讨伐张士诚。徐达巧用反间计，使张士诚的老巢平江完全陷入孤立。在轻取湖州（今浙江湖州市）后，徐达乘胜挥师向平江进发。为了牵制张士诚的兵力，吴王朱元璋在至正二十六年九月特地派遣部将朱文忠率兵进攻杭州，支援徐达。同年十一月二十五日，徐达从太湖西侧出兵平江城南，放火焚烧了张士诚停泊在湖中的一千余艘战船及大量物资。随后，率水陆大军围攻平江城。

为了截断平江城与外界的联系，封锁其粮饷物资供应线等，徐达对围城任务进行了周密的安排。但是，由于平江城坚固异常，张士诚亲自督守等原因，徐达围攻平江之初，成效并不显著。为了进一步孤立平江城守敌，打击张士诚的士气，徐达又分兵攻取了平江附近的太仓等地，张士诚部下驻守崇明（今上海崇明县）、嘉定（今上海嘉定区）、松江（今上海松江区）等地的守臣也纷纷归降。就在此时，驻守无锡的张士诚麾下将军莫天祐派出的联系无锡与平江的奸细被徐达抓获。徐达不但没有把他当作奸细关起来或处以死刑，反而亲自帮他解开了绳索，和他推心置腹地交谈起来。徐达的诚意终于收到了效果，这名使者答应真心降服。徐达让他继续充当莫天祐和张士诚之间的信使，进一步掌

握了张士诚的兵力虚实，从而也使得围攻平江城的计划更加完备。元至正二十七年八月，在徐达兵围平江城长达九个月后，张士诚与外界的一切联系几乎全被切断，内无粮草，外无援兵，几次突围又都惨遭失败，已经到了山穷水尽的地步。而张士诚对徐达的劝降又心怀狐疑，不肯俯首就擒，徐达于是决定对平江城发起总攻。

九月初八，徐达亲自督率将士攻克葑门，同时常遇春也率部攻破了阊门，直逼平江内城之下。张士诚坐镇军门，派遣枢密唐杰登城指挥战斗，唐杰深知不是徐达的对手，平江城势必不保，率先举兵投降，其他将士见状也相继投降。至傍晚时分，徐达部下各路将士已成功地突破了敌军的防守，进入平江城内。张士诚兀自率兵巷战，但其手下将士已无斗志，纷纷投降。张士诚见大势已去，纵火焚死其妻儿，自己上吊自杀，被其部将解救，徐达将其押送应天。破城之日，徐达严格约束部下，立下军令："掠民财者死，毁民居者死，离营二十里者死！"率军入城，纪律严明，秋毫无犯，很受百姓的欢迎。就在平江城破、张士诚被俘后，原张士诚部下骁将、驻守无锡的莫天祐于元至正二十七年九月十四日率部投降。同年九月二十八日，徐达因功勋卓著封信国公，是此次封赏的最高爵位。

三、统兵北伐　推翻元朝

1367年十月二十一日，吴王朱元璋正式任命徐达为征虏大将军、常遇春为副将军率师二十五万北取中原。北伐大军的第一个目标直指驻守山东的元兵。就在徐达等出师后的第二天，吴王朱元璋向中原地区齐鲁、河洛、燕蓟、秦晋一带的人民发布了北伐檄文，宣布他派兵北伐的目的在于“逐胡虏，除暴乱，使民皆得其所，雪中国之耻”。这篇檄文的发布，对徐达所率北征将士获取中原地区士民更广泛的理解和支持，减少其进军的阻力，发挥了一定的积极作用。

（一）平息沂州之乱

吴元年十月二十四日，大将军徐达率军到达淮安，遂派使者持信前往山东沂州（今山东临沂市），招降在山东颇具影响的王宣及其子王信所领导的元朝地方武装。王信收到徐达的招降书后，于二十八日遣使前来请降。但王信父子并不是真心投降，他们表面上服从徐达调遣并派官员到徐达军中犒劳将士，私下里却秘密到莒县、密州募兵，为抵御徐达做准备。十一月初十，王宣在所派犒军官员回到沂州后，立即派兵乘夜袭击徐达派驻沂州的将士徐唐臣等，徐唐臣乘乱逃回徐达军营。徐达在得知王宣降而复叛的消息后，当即率军直抵沂州城，扎营于北门外。起初，徐达仍想招降王宣，又派人前去劝说。王宣为了拖延时间，等待外出招募兵马的儿子王信带兵来援，仍故技重演，答应投降，却仍是闭门拒战。徐达大怒，指挥部队猛攻沂州城，由于王信募兵未归，王宣自知抵挡不住徐达的进攻，被迫在十二日向徐达投降，并交出了元朝廷授予的沂国公印等。随后，徐达命令王宣修书一封，派部将前去招降其子王信。但王信拒不从命，并杀害了徐达派去的使者，与其兄王仁

逃往山西。徐达因愤恨王宣的阴险狡诈、反复无常，且恼怒王宣之子杀害了其部将，于是下令处死了王宣。

（二）智取山东

徐达平息沂州之乱后不久，受其影响，元山东莒州、沂水、日照等地守将纷纷来降，并遵照吴王朱元璋的谕令命部将韩政扼守黄河要冲，以断山东援兵。徐达亲统大军向益都（今山东益都市）方向推进。益都守将拒绝招降，徐达对部下说："益都倚仗的是河上的援兵，现在我已派兵扼守黄河，断绝了后路，他们还不知道自己已经成了瓮中之鳖了。"于是下令填坝攻城。十一月二十九日，徐达攻陷益都，活捉了元益都守将。紧接着，徐达又乘胜出兵，连克寿光、临淄、昌乐、高苑等县及潍、胶、博兴等州。此役，共计俘获元军将士一万零五百余人，马骡一千六百余匹，粮十八万九千余石。十二月初六，大将军徐达兵至章丘，元守将右丞王成投降。次日，抵达济南，留守的元将举城投降，收复济南，俘虏元军二千八百五十五人，马四百二十九匹。随后徐达率兵进攻山东半岛，元军驻守莱阳、登州、宁海（今山东烟台市牟平区）的守将纷纷请降。在北伐军的节节胜利声中，朱元璋于 1368 年正月在应天登基称帝，建国号为大明，建元洪武。徐达被封为中书右丞相、兼太子少傅。

洪武元年二月初四，元滨州守将来到济南，投降徐达。次日，徐达派遣副将军常遇春率兵自济南攻取东昌（今山东聊城市），十二日，东昌被攻克，元守将自杀身亡，其所属各县全部投降。至此，山东全境基本平定。

自吴元年十一月至洪武元年三月，徐达所领导的北伐大军经过约四个月的鏖战，不仅基本上统一了山东，达到了明太祖朱元璋撤除元朝大都屏障的要求，而且俘虏和收编了大量元朝官兵，缴获了大量物资。徐达在征战过程中，不仅能够充分利用手中的职权，妥善处理有关战争善后等问题，而且徐达行军过程中，军纪严明，对沿途百姓秋毫无犯，并从新收编的元军将士中挑选精壮者从

军，在补充和扩大北伐队伍的同时，也解除了后患。徐达的表现，充分展示了他的大将之才，也令坐镇京师的明太祖大感宽慰，并对其愈加信任。

（三）挥师汴洛

洪武元年三月，徐达统率北伐大军自山东郓城出发，经水路逆黄河而上，进取河南汴梁（今河南开封市）。当月二十九日，徐达兵至汴梁陈桥。元汴梁守将李克彝闻讯十分震惊，立即将避难到此，并多次与徐达交锋的左君弼召来商量对策。李克彝说："将军与南朝数次交战，熟悉他们的阵法。今天我将兵权授予将军，作为前锋抵挡徐达，怎么样?"左君弼一方面因为感激明太祖将被俘虏的年迈母亲送回，心中早有降意；另一方面他经过与徐达几番交锋后，不仅对徐达心存畏怯，而且在失败中发现徐达确实精于用兵之道，所以他回答李克彝道："南朝军锋势不可当，我一看到他们的阵势就胆怯，所以才投奔到此地。而且南朝徐相国很善于用兵，一直所向无敌，我实不敢受命。"于是，李克彝被迫连夜逃往洛阳，左君弼等率部出城投降，徐达领兵入驻汴梁城。

洪武元年四月初四，徐达命都督佥事陈德驻守汴梁，自己亲自统率步兵和骑兵直捣元河南行省省府所在地洛阳。四月初八，徐达率大军通过虎牢关，还未抵洛阳城，即遭到元将脱因帖木儿领兵五万，在洛水以北十五公里的地方列阵迎战。徐达布阵完毕后，副将军常遇春单骑突入敌阵，遭到敌人二十名骑兵持槊围攻。常遇春沉着应战，一箭射杀其前锋，敌军为之丧胆。徐达见状后，指挥大军趁势出击。正在这时，忽然南风骤起，战场上尘土飞扬，呼喊厮杀声惊天动地，迎风而战的元军阵脚大乱，仓皇败逃。徐达率兵一路追杀，俘获战俘物资无数。脱因帖木儿逃往陕州。徐达旋即率兵进逼洛阳城，在北门外安营扎寨。由汴梁逃到洛阳的元将李克彝逃往陕西。元河南行省平章、梁王阿鲁温势孤力单，被迫率

领洛阳军民出降，洛阳宣告平定。

在徐达的北伐大军连克汴梁、洛阳两大城池后，河南元军已显出土崩瓦解之势。但是大将军徐达并没有因此滥用武力，反而采取了极大的克制态度。他派人招降河南各地的元军残部，尽可能避免使用武力，力求将战争给人民造成的损失降到最低点。在徐达的招抚政策下，元嵩县、荥阳、登封、巩县（今河南巩义市）、钧州（今河南禹州市）、汝州等地守臣皆来归附，而徐达也乘机派兵攻占了中原和西北地区之间的军事要塞潼关。

（四）攻克元都

徐达顺利攻占汴梁和洛阳并扼守潼关要塞的消息传到应天后，明太祖朱元璋决定亲自北上，与大将军徐达等会合，共同商议推翻元朝，占领元大都的部署。

洪武元年五月二十一日，明太祖御驾来到汴梁，并诏令改汴梁路为开封府。六月初一，军务繁忙的大将军徐达从洛阳赶赴开封，谒见明太祖。明太祖在对徐达一番称颂和慰劳之后，转入正题，对徐达说："朕闻河朔之民，日夕望吾师至，将军宜与诸将乘时进取而安缉之。朕观天道人事，元都可不战而克。大丈夫建功立业，各有其时。揆时之会，不失时机，在将军等勉之。"明太祖的话正是勉励徐达等抓住时机，率兵北进，推翻元朝统治，为国建功，为己立业。而徐达也早在心中谋划过此事，因此，君臣二人不谋而合。于是，两人开始仔细商讨北取元都的具体计划。明太祖朱元璋虽然认为徐达提出的从河南直取元都的建议不无可行性，但他还是坚持让徐达按照自己拟定好的渡过黄河经冀南转而东向，然后由齐鲁北上进攻元都的想法进军。

洪武元年闰七月初二，大将军徐达从开封启程，统率大军北渡黄河，进取豫北州县。沿途元朝守将大多弃城而逃，卫辉（今河南卫辉市）、彰德（今河南安阳市）等地划归明朝版图。初七，徐达继续统兵北上，进占河北磁州（今河北磁县）。次日，师至邯郸，元守将出逃，县尹率百姓出降。十一日，徐达遵照

明太祖的指令，率军东向，进入山东临清，并调派驻扎东昌（今山东聊城）的张兴祖前来会师，共同北上。二十三日，在连克长芦（今河北沧州市）、清州（今河北青县）后，徐达兵至直沽（今天津市），缴获元军七艘海船，并联结成浮桥，使北伐大军顺利渡过海河。经过几天的激烈交战，元大都外围兵力已被清除，徐达率兵进驻通州城（今北京通州区），兵锋直指元大都。元顺帝得报后，大为恐慌，当晚带领其后妃、太子等悄悄溜出京城，逃往上都（今内蒙古多伦市西北）。八月初二，徐达亲率大军轻取大都，俘获元高官数十人，查封元朝府库及各种图籍宝物等，并严明军纪，贴出安民告示，使得大都城内秩序井然，百姓交口称赞，拍手称快。至此，入主中原半个多世纪，由蒙古族建立起来的元朝政权正式宣告灭亡。八月十三日，徐达攻克元大都。推翻元朝政权的捷报传到应天，群臣庆贺，明太祖诏令改大都为北平。至此，历时近一年的北伐战争胜利结束。

四、亲出北平　平定西北

（一）整治北平

徐达率部攻克元都后，在遣使赴京告捷的同时，又积极采取措施，加强以大都为中心的新占领区的军事布防，设法巩固和扩大北伐战争的成果。

洪武元年八月初三，即进驻北平城后的第二天，徐达就令右丞薛显，参政傅友德等率精锐骑兵前往大都北边的古北等隘口巡逻，阻止塞外元朝残兵南下入侵，也谨防内地元残兵北逃，泄露军事机密。这些措施加强了对北平的管理力度，明显稳定了北平的社会秩序，使人民的生活环境得到了很大的改善。

八月十五日，明太祖因元朝都城已被攻克，命令大将军徐达、副将军常遇春率军攻取山西，同时诏命以御史大夫汤和为偏将军，与平章杨璟一道随从大将军徐达征讨山西，又令徐达留兵三万，设置燕山等六卫，以防守北平。徐达奉诏后，下令改乐安卫为燕山左卫、济宁卫为燕山右卫、飞雄卫为大兴左卫、淮安卫为大兴右卫、清州卫为永清左卫、徐州五所为永清右卫，并遵照明太祖的吩咐，命都督副使孙兴祖等率六卫将士驻守北平。同时，为了加强北平城防，

徐达下令丈量元皇城，加固城墙，还特意将北平的“安贞门”改为“安定门”，“建德门”改称“德胜门”，借此希望北平社会安定，人民幸福。

（二）平定山西

洪武元年八月二十日，徐达遵明太祖之命，派右丞薛显、参政傅友德等率兵袭击山西大同，骚扰敌军后方。同时调兵遣将，分别由北平、河南两路出兵，计划从晋东、晋南同时进逼元朝大将、实权派人物扩廓帖木儿（汉名王保保）的巢穴山西太原。原来自徐达率部进占河南后，山西太原就成了王保保的活动据点。王保保自元末义军兴起之时，就手握军权，拥兵自重，并逐渐形成了半独立的地方武装势力。虽然此前徐达在率部攻克元大都后，曾派遣使者去劝降过王保保，但由于王保保在元顺帝北逃后，奉有收复北平之命，更重要的是当时的王保保还手握重兵，他本人也是身经百战、威名远扬的一代名将，所以他对徐达的招降不予理睬。

为了扫清进军山西的障碍，确保后方无虞，徐达在当年九月派副将军常遇春、参政傅友德等率兵离开北平，陆续攻占了保定、中山府（今河北定州市）、真定（今河北正定县）等河北诸州县及距太原仅二百余里的平定州（今山西平定县），荡平了由北平通往山西的元朝残余势力。而在北路进军线路得到疏通的同时，洪武元年八月二十六日，明太祖诏令右副将军冯宗异率兵协助大将军徐达进取山西，

徐达因此如虎添翼，利用冯宗异及前不久奉明太祖之命出征山西的汤和、杨璟所率将士，由河南自南向北进攻，开辟进攻山西的第二战场。南路军一路北上，连续攻占了武陟（今河南武陟县）、怀庆（今河南沁阳市）、泽州（今山西晋城市），并于同年十月夺取了距太原约四百里的晋南重镇潞州（今山西长治市），从而使得两路大军得以相互呼应，对山西形成了钳形攻势。

洪武元年十一月初三，徐达亲率右丞薛显等，统兵自北平进攻山西。十日，徐达统兵由保定进驻真定，与副将军常遇春会师于柳亭。这时，徐达得知元将王保保已奉元顺帝之命，率兵自太原出雁门关，准备取道保安州（今河北张家口市东南），经居庸关进攻北平。徐达认为驻守北平的都督副使孙兴祖及燕山六卫将士足以抵御进犯之敌，自己不但无需回援北平，而且可以乘虚捣毁王保保的巢穴，进占山西。于是，他对部下将领说："王保保率师远出，太原必虚。北平孙都督（指孙兴祖）总六卫之师，足以镇御。我与尔等乘其不备，直抵太原，倾其巢穴，则彼进不得战，退无所依，此兵法所谓'批亢捣虚'也。若彼还军救太原，则已为我牵制。进退失利，必成擒矣。"众将认为徐达分析得很有道理，一致赞成他的计策，从而加快了进军太原的步伐。

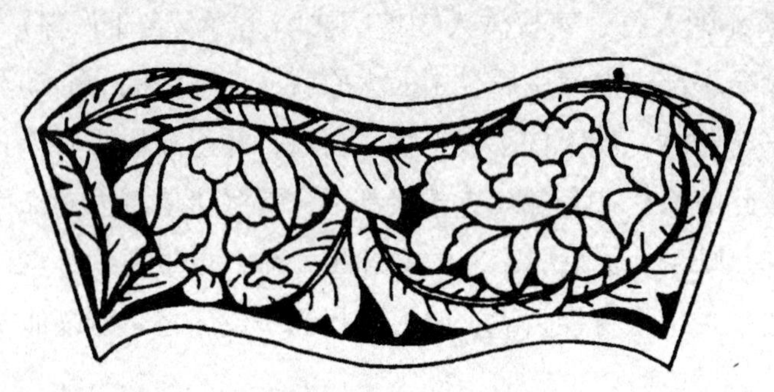

洪武元年十一月二十七日，徐达等率师经平定州，克寿阳县，抵达太原附近。随后，他暗中派人持信前往潞州，督促右副将军冯宗异率部严师以进，配合北平之师夹击太原。

王保保行至保安州，听说徐达亲统大军进逼太原，唯恐巢穴失守后，自己进退无依，所以立即回师迎战，来势十分凶猛。见敌人来势汹汹，副将军常遇春向徐达献计说："我们骑兵虽多，但步兵还没赶到，还不能和他们开战。不如派精兵夜袭他们的营地，那时王保保的将士必然混乱，就可使其主将束手就擒。"徐达觉得他的建议很好，表示赞同。恰在其时，王保保手下部将派人前来约降，并请充当内应。于是，徐达当机立断，不待右副将军冯宗异兵至，在十一月二十九日夜袭了王保保营地。当时，王保保正借着烛光在营帐中看书，突然发觉部众一片混乱，心知大事不妙，仓促之间不知所措，慌忙中连靴子都来不及穿好，竟然光着一只脚，从营帐后面溜了出去，骑上一匹没有鞍辔的战马，仅带着十八名随从狼狈出逃。次日黎明，太原内应王保保部将率太原城将校出降，太原告克。此役，共俘虏元军将士四万余人、马四万余匹。

由于攻占太原比预期的顺利很多，所以在太原告克至冯宗异奉命率部至太

原与徐达大军会师前的这段时间里，大将军徐达与右副将军冯宗异分别出兵攻占了晋中、晋南众多州县。洪武二年正月初五，右副将军冯宗异、偏将军汤和等率部抵达太原，与徐达所率北平之师正式会师。随后，徐达对各部兵力进行综合调配，统一部署。十九日，副将军常遇春奉徐达命自太原率兵攻取晋北军事重镇大同。二十一日，参政傅友德又奉命率兵屯守晋北另一军事重镇朔州。

（三）平庆阳之乱，荡关陇残敌

山西全境告克后，徐达又马不停蹄地挥师西渡黄河，扫荡盘踞在关西的元朝残部和当地地主武装。洪武二年二月二十九日，大将军徐达统率大军自平阳（今山西临汾市）进驻河中府（今山西永济市西南），命随从副将军常遇春、右副将军冯宗异率先西渡黄河，进军陕西。三月初一，徐达亲率大军自河中渡过黄河。三月初六，大军渡过渭水，进至咸宁（今陕西西安市）近郊，元陕西守将出逃。次日，徐达整兵入城，所率将士秋毫无犯，受到了三秦大地人民的热烈欢迎。当天，徐达下令改奉元为西安。接着，徐达派兵攻占凤翔，通过陇州（今陕西陇县）直抵秦州（今甘肃天水市）。四月初十，徐达率兵夺取宁远（今甘肃武山县），次日，进军至巩昌（今甘肃陇西县），元守将相继来降，徐达均以礼待之，当日，派遣右副将军冯宗异率部西征临洮，都督副使顾时、参政副使戴德率部进攻兰州。十三日，冯宗异兵至临洮，元大将李思齐不战而降。同日，都督副使顾时等也攻克兰州。

徐达在降伏了李思齐并占领了西北军事重镇兰州后，决定挥师东进，消灭长期盘踞在西北地区的另一支实力较强的元朝残余势力，那就是庆阳张思道兄弟。进攻庆阳途中，徐达率部过关斩将，攻城略地，势如破竹。而驻守庆阳的张思道在获悉明朝征西大军平定临洮的消息后，内心已经恐慌。待到

徐达所遣使者来到庆阳，王保保在西安州大败的消息传开后，张思道更加惧怕。他不敢与徐达临阵对敌，但又不甘心俯首就擒，于是此后不久，便留其弟弟张良臣与平章姚晖率兵驻守庆阳，自己带着一些轻骑逃往宁夏，结果在宁夏被王保保监禁。张良臣为人狡诈，而且骁勇善战。但是他在奉命留守庆阳后不久，就陷入了徐达西征大军的包围之中，处境十分被动。当王保保关押哥哥张思道的消息传来，又使得张良臣对北元朝廷极为不满，而且倍感孤立。就在这时，徐达派去招降的人来见张良臣。张良臣乘此机会于五月初八向徐达投降。

由于此前明太祖朱元璋曾提醒过大将军徐达要提防张思道、张良臣兄弟使诈，所以当张良臣遣使请降时，徐达表面上坦然接受了他的投降，内心却并没有放松对张良臣的戒备。为此，当张良臣的使者返回庆阳复命时，徐达特意派遣右丞薛显率骑兵五千、步卒六千随同前往庆阳，这样做，正是为了尽快接手庆阳防务，以免张良臣出尔反尔。

果然不出徐达所料，张良臣投降实为情势所逼，并非出自真心。所以当他得知徐达派遣一万多名官兵前来庆阳的消息后，立刻疑心大起。五月十五日，薛显等抵达庆阳。张良臣亲自率众出城，匍匐道旁相迎，并且进献牛肉、美酒，装出一副卑躬屈膝、诚心归顺的样子，以此欺骗薛显，使他们放松警惕。当天晚上，张良臣就发动叛乱，出兵袭击薛显军营。薛显等毫无防备，在叛军的猛烈冲击下很快便溃不成军，指挥张焕被叛军俘虏，薛显负伤逃回徐达军中，所率一万多名官兵损失殆尽。

虽然庆阳之叛有些突然，但徐达闻讯后，并没有惊慌。他一面安抚薛显，一面召集诸将商量对策，并胸有成竹地对诸将说："张良臣的叛乱只能是自取灭亡，我将与诸公共诛之！"不久，右副将军冯宗异、参政傅友德得知庆阳张良臣叛乱的消息，自临洮率军前来助战。御史大夫汤和也率部来与徐达会师。六月十七日，徐达兵驻镇原，命令右副将军冯宗异、御史大夫汤和、都督副使顾时、参政傅友德等率兵四面进围庆阳城。而张良臣并没有把平叛大军放在眼里，公然打开庆阳城西门外出取水，而且故意放纵人马在城下驰骋，藐视徐达大军。

徐达大怒，令冯宗异率部继续推进，进逼庆阳城西门扎营。十八日，张良臣派兵从东门出城进攻围城官军，都督副使顾时率兵迎战，将其击败。十九日，徐达亲自督军攻打庆阳四门，城上箭如雨下，攻城失利。二十日，张良臣亲自带兵出西门挑衅，被右副将军冯宗异击败退回城中。六月二十八日，时值盛夏的庆阳突然风雨大作，洪水泛滥成灾。当地百姓历经战乱，又逢天灾，苦不堪言。但这对被围在庆阳城中、水源严重不足的叛军来讲，却是取水、储水的良机。所以张良臣乘此机会派遣大批叛军出城抢水。徐达部下官兵奉命阻击，双方激战至半夜，叛军大败，狼狈逃入城中。在此之前，由于庆阳城被围日久，城中粮饷及用水等供应都日益紧张，张良臣的屡次出战又均以失败告终，而等来外援的希望又微乎其微，所以张良臣部下的军心开始动摇，暗中出城投降者也越来越多。

为了挽回败局，稳定军心，张良臣在七月初四又趁庆阳刮大风之机，发兵进攻围城官兵，结果还是被徐达所率将士打得落花流水。初五，内外交困、恐惧万分的张良臣被迫登上庆阳城头，向城下大呼请降。但是，徐达因张良臣为人狡诈，认为这次请降也未必是出自真心，再加上愤恨他反复无常、屠杀了大批西征将士，决心要将他正法，所以断然拒绝了张良臣的投降请求。在此种情况下，原来与张良臣共守庆阳的守将感觉生存的希望越来越渺茫，于是萌生了投降徐达的念头。八月二十一日，庆阳平章姚晖等偷偷打开城门，迎接徐达所部西征将士。徐达率兵自北门入城，占领庆阳城。庆阳陷落后，张良臣与其父企图一起投井自杀，徐达命令士兵将他们从井中拉了出来，一并处以死刑。至此，庆阳之乱被平定。

洪武二年九月，大将军徐达与御史大夫汤和一道自平凉起程回京，结束了他长达两年多的北伐和西征之行。右副将军冯宗异奉旨总掌西北地区军务。

五、扫荡残元　威震北塞

（一）兵分两路，夺取定西

洪武二年十月，元大将王保保在得知明朝大将军徐达返回京师应天的消息后，又开始肆无忌惮地派兵南下骚扰明朝边境地区。十二月二十九日，王保保率兵袭击兰州，直抵城下。明朝兰州守将张温立即召集各部将官，对他们说：

"如今敌众我寡，难以与之战。然元军远道而来，还不知道我军多寡，我军可在晚上偷袭之，挫杀敌人的锐气，敌人不退我们可以固守以待援兵。"当天晚上，张温就乘敌人新到，立足未稳，人疲马乏之机，集合城中兵马，悄悄打开城门，摸黑向敌军发起突然袭击。王保保虽然屡经征战，但是对张温的这种大胆举动还是没有充分的思想准备，因此在张温部队的猛烈冲击下，被打得狼狈不堪，纷纷退却。不过，王保保最终还是倚仗人多势众，抵住了张温的进攻。黎明时分，张温及时收兵回城。随后，王保保又率兵将兰州城重重包围起来。张温为了保存实力，坚守城头，不再出战。

驻守巩昌的明朝将领于光得知王保保兵围兰州的消息后，迅速率部赶来增援，结果在兰州城外马兰滩突然遇上了王保保的军队，于光不幸战败被俘。元兵将于光押到兰州城下，强迫他叫张温出城投降，不料于光却对城上守军大声喊道："我不幸被执，公等坚守，徐总兵（指徐达）将大军行至矣！"元军大怒，将他杀害。城中守军听了于光的这番话后，士气高涨，守备更加坚固，而王保保又担心于光所言当真，徐达率大军前来自己不支，因此自兰州撤围而去。

洪武三年正月初三，由于王保保一再举兵南侵，成为西北的严重边患，在加上元顺帝及其幕僚北逃后还未被消灭，明太祖再次诏令右丞相、信国公徐达为征虏大将军、浙江行省平章李文忠为左副将军、都督冯胜为右副将军、御史

大夫邓愈为左副副将军、汤和为右副副将军，命令他们率师北征沙漠，扫荡元朝残余。出征前，明太祖问徐达等道："元主迟留塞外，王保保近以孤军犯我兰州，其志欲侥幸尺寸之利，不灭不已。今命卿等出师，当何先？"徐达等回答说："王保保之寇边者，以元主犹在也。若以师直取元主，则王保保失势，可不战而降也。"但是，明太祖认为徐达等提出的方案不是很好，他命令徐达等兵分两路，一路由大将军徐达率领自潼关出西安，捣定西，以取王保保；另一路由左副将军李文忠率领，出居庸关，入沙漠，以追元主。这样使其彼此不能应援。徐达等表示赞同并即日起程北征。

与以往明显不同的是，徐达这次挂印出征，所率人马从一开始就被一分为二，他们不仅分工不同，而且是在两个相距甚远的区域同时作战。其中，西路军由徐达亲自指挥，主要任务是征讨屡犯西北地区的王保保；东路军主要任务则是追击逃居漠北的元朝旧主元顺帝。从当时的情况来看，明朝官兵两路同时出动，如果进军都比较顺利，或者其中一路能够率先取得决定性的胜利，则势必使元顺帝与王保保之间不能互相救援，大大增加明朝军队取得全面胜利的把握；倘若其中一路先行失利甚至溃败，则另一路必将遭到元军的全力反攻，从而面临更大的军事压力，不但难以取得理想的出征效果，而且有可能同样遭遇不测，最终导致战争的全面失败。正因如此，看似没有多大关联的两路官兵，实际上是生死相系的。

甘肃定西距离明朝京师路途遥远，道路崎岖，徐达费时两个多月，直到三

月二十九日才率领西路军经潼关、西安，抵达定西州。就在徐达一路跋山涉水，马不停蹄地赶往西北的时候，王保保由于入侵兰州未得手，仍心有不甘，在洪武三年正月率兵夺取了定西州的西巉，并以此作为据点，四处掳掠定西及周边地区百姓。尽管王保保曾多次败在徐达手下，对徐达心存畏怯，但他依仗着自己手下的近十万兵马，下决心要与徐达一决雌雄。为此，他迅速退兵至地势更为险要的车道岘，抢占了有利的地形。不久，徐达率部离开安定城，进驻沈儿峪，派遣部将邓愈率兵马逼近王保保驻地，在敌人营垒附近一条深沟的另一侧安营扎寨。尔后，双方连战数日，难分胜负。但是，由于王保保是率部渡过黄河、跨越长城远道南侵，其粮草等物资供应困难，而他所驻之山区虽然地形复杂，易守难攻，却也难以外出掠取给养。而徐达在距车道岘不远的兰州、会宁等地都有驻兵，相当于本土作战，粮草、兵员等补给十分充足。如果双方的对峙局面持续下去，对王保保势必更加不利。王保保长年征战，自然清楚自己的处境，所以他在与徐达对阵拼杀的同时，企图出奇制胜，尽快击溃徐达，结束这场战争。

四月初八，王保保为了打破僵局，暗中派兵一千余名，从小路绕到徐达阵后，出其不意地向徐达部署在阵东南的兵营发动突然袭击。东南营官兵既疏于防范，又没有充分的思想准备，因此面对突如其来的敌人，顿时惊慌失措，乱成一团，主将左丞胡德济仓促之中更是不知如何进退。幸亏徐达在得报后亲自率兵赶来，杀退了来犯之敌，才不致酿成大祸。为了严肃军纪，徐达下令斩杀东南营指挥及将校数人示众，其余官兵均不敢有半点疏忽怠慢。第二天，徐达整兵再战，他身先士卒，在主帅徐达的带动下，明朝官兵无不争先恐后，奋勇冲杀，以一当十，冲进敌阵，大败王保保，俘获王保保将校士卒八万余名，缴获马匹一万五千余匹及大批骆驼、驴骡等牲畜。王保保仅带着妻子、儿子等数人仓皇北逃，在黄河中抱住河面上顺流漂浮的树木，勉强泅水渡过黄河，经宁夏直奔和林而去。

（二）解围兴元城，晋封魏国公

五月初一，徐达统领大军离开定西，向陕南进发，准备夺取尚在北元兵控制之下的兴元路（今陕西汉中市）。兵抵徽州（今甘肃徽县）后，徐达与都督冯胜、参政傅友德、左丞李思齐等一道，率领大队人马南下，直逼略阳（今陕西略阳县），生擒元略阳守臣。接着，徐达等又转出东南，占领了沔州（今陕西勉县），准备由此东攻兴元。与此同时，凤翔守将金兴旺则奉徐达之命迅速率部前往凤县，自北向南，通过天险连云栈，直趋兴元，以配合大军的行动。五月二十三日，元兴元守将在大军压境的形势下，被迫出城投降。徐达后命金兴旺等留守兴元，自己随即回师西安。

徐达在统兵离开定西，进取兴元的同时，又利用其军队大败王保保的声威，派遣部将邓愈率部前往吐蕃，加强了与吐蕃的联系。

洪武三年七月三十日，曾向明朝称臣的四川夏政权在将军吴友仁的统领下北侵陕西兴元，奉徐达之命留守该城的将领金兴旺派兵出击，打退了敌人的进攻。第二天，吴友仁又率兵来攻，金兴旺亲自带兵出城迎战。激战中，金兴旺的面部不幸被乱箭射中，流血不止，疼痛异常，但他毫不畏惧，拔出箭头后，继续坚持战斗。在他的带动和鼓舞下，明朝官兵奋勇杀敌，歼敌数百人。由于考虑到自己的守城官兵总共只有三千人，而吴友仁的军队多达三万人，继续硬拼下去于己无利，金兴旺一面下令收兵入城，保存实力，与敌人展开持久战，一面立即派人从小路赶赴宝鸡，求取援兵。正在西安休整的大将军徐达在得知兴元告急的消息后，亲自率军还驻益门镇（今陕西宝鸡市南），命令傅友德先率兵一千沿褒水南下，夜袭木槽关，进攻斗山寨。在夺取斗山寨后，傅友德又遵照徐达的吩咐，下令军中“人持十炬燃于山上”。围攻兴元城的吴友仁见到西北方上忽然升起的上万支火炬，以为明朝增援大军已经赶到，大惊失色，当晚就乘黑拔营，仓皇逃跑。兴

元之围得以解除。

在徐达的西路军顺利击败王保保，并顺势招抚沿途吐蕃各部，解除兴元之围的同时，左副将军李文忠指挥的东路军也于洪武三年五月十六日顺利攻克应昌，抓获元顺帝嫡孙及其后妃、宫人并北元诸王和贵族数千人，并缴获宋、元两朝玉玺及大批珍贵的珠宝玉器，加上大批的骆驼、马匹、牛羊等牲口，东路军也获得了全胜。

洪武三年十月初六，明太祖下令征虏大将军徐达、左副将军李文忠等班师。同年十一月，徐达等班师回朝，朱元璋亲自到龙江迎接北伐将士。随后，大封功臣，徐达因功授开国辅运推诚宣力武臣，特晋光禄大夫、左柱国、太傅、中书右丞相参军国事，封魏国公，岁禄五千石，子孙世袭。

（三）首镇北塞，再讨北元

徐达在车道岘大败王保保，李文忠于应昌扫荡故元巢穴，沉重打击了元朝残余势力。但是，元顺帝之子爱猷识理答剌逃离应昌后，又在和林即帝位，其部下的残余兵力依然不可小觑。他们随时有可能重整旗鼓，纵兵南下掠夺。而明朝政府统一北方后，部署在北部边沿地区的驻防官兵及防御体系还非常脆弱，非常需要一个有胆有识、有勇有谋的人前去镇守。徐达再次成为明太祖的最佳人选。

洪武四年（1371 年）正月初三，在徐达第一次北征回京后不到两个月，明太祖为了加强北部边防，命中书右丞相魏国公徐达前往北平负责操练军马，修缮城池，镇守北平。半年多后，再次被派转镇山西。同年十二月，徐达自山西回到京城。

徐达在镇守北平期间，先后三次迁徙山西、河北等地农民到北平屯田种地，以加强北平的防御力量。徐达将他们分散到长城沿线各卫所，按其户籍服役课税。属籍军户的，发给衣服、粮食，使应军差；属籍民户的，分给田地、牛、种子，使纳租税。前后移民三万五千多户，十九万余人，建立屯田点二百五十

余个，垦田一千三百多顷。徐达的这些措施大大减轻了北方军队的粮饷供应问题，使明朝北部边疆日趋稳定。同时，徐达严格训练士卒，修缮城池，加强守备，谨严烽燧，时时防备元朝残余军队的侵扰。徐达因此被明太祖视为“塞上长城”。

王保保逃到和林后，重被元顺帝之子爱猷识理答剌委以重任，王保保的权势又日渐膨胀。明朝君臣对此极为关注，担心王保保卷土重来，为害大明北部边境。洪武五年正月十七日，明太祖召见魏国公徐达、曹国公李文忠、宋国公冯胜，分别赏赐交趾弓、彤弓，并对他们说：“古者诸侯有四夷之功，则赐之弓矢……”徐达等知道明太祖心中不忘北元，估计朝廷会再度兴师北征。虽然他们对朝廷连年征战有不同意见，但在正月二十二日明太祖召集诸将商讨边境事宜的时候，中书省右丞相、魏国公徐达还是主动请缨，说：“今天下大定，庶民已安，北虏归附者相继，唯王保保出没边境，今复遁居和林，臣愿鼓率将士以剿绝之。”但这时，老谋深算的朱元璋并没有急于说出自己的想法，他为了了解将军们的态度，故意说：“彼朔漠一穷寇耳，终当绝灭，但今败亡之众，远处绝漠，以死自卫，困兽犹斗，况穷寇乎？姑置之。”这时，在场的将军们纷纷表示：“王保保狡猾奸诈，使其在，终必为寇，不如取之，永清沙漠。”明太祖见众将领都赞成出兵，便趁机问道：“卿等必欲征之，需兵几何？”徐达自信地回答：“得兵十万足矣。”明太祖认为兵分三路同时出击，十万兵力不够，于是他以不容置疑的口气道出了自己胸中的计划，说：“兵需十五万，分三道以进。”随即，明太祖仿效洪武三年北征残元时的办法，任命徐达为征虏大将军，总帅由左副将军李文忠负责的东路军、征西将军冯胜负责的西路军以及由徐达亲自统领的中路军三路兵马，中、东、西三路，各为五万兵马。

在三路北征官兵中，以徐达亲自指挥的中路军进军最为迅速。二月二十九日，大将军徐达率部进入山西。随即，都督蓝玉奉命为先锋，率兵马先出雁门关。蓝玉兵至野马川时，遇到了一股北元游骑，北元兵不战而逃。蓝玉率部追至乱山，敌军返身迎

战，结果被蓝玉打得大败。三月二十日，徐达率军至土剌河一带，与王保保发生遭遇战，蓝玉等勇往直前，再败王保保军。扩廓败逃后，与贺宗哲部合为一军，在岭北布下阵势阻击徐达部队。五月初六，徐达统兵进至岭北，与北元军队对垒。由于明朝官兵连续作战，得不到休整，将士深感疲惫，加之徐达所率的中路军自出征以来连战告捷，进军颇为顺利，军队中产生了骄傲轻敌情绪，而王、贺联军拼死进攻，明军受挫，死伤数万人。幸亏徐达处变不惊，收缩战线，坚守营垒，才免遭大败。然后，徐达整军而还，敛兵守塞。王保保军队见此未敢贸然追击。中路军刚败，东路军在李文忠率领下长驱直入，王保保在阿鲁浑河（今鄂尔浑河）、称海（和林偏北）布置两道防线层层防御。李文忠率部苦战，损失惨重，宣宁侯曹良臣、骁骑左卫指挥使周显、振武卫指挥同知常荣、神策卫指挥使张耀等高级将领战死，无奈之下，也撤兵南返。三路大军之中，只有冯胜所率西路军完成了作战任务，在西凉州（今甘肃武威）、永昌（今甘肃永昌）、扫林山(今甘肃省肃北县境)、瓜州（今甘肃安西）、沙州(今甘肃敦煌)击败北元军，占领甘州（今甘肃张掖）和亦集乃路。这一次北伐，收获远少于损失，明太祖朱元璋不得不承认失败。同年十月，征西将军冯胜等因北方天气日渐寒冷，先从甘肃班师回到了京城。十一月，征虏大将军徐达、左副将军李文忠也因塞上苦寒，撤驻山西、北平等近边地区休整后，也奉诏回到了京师。

（四）修建山海关

自洪武五年出征北元失利后，明太祖逐渐认识到元朝残余军事力量一时难以消灭，因此明朝对北方的战略从以攻为主转为以防御为主。从此，徐达长期在北平、山西一带练兵戍边，镇守北平十余年。虽然徐达其间还多次奉诏出征北漠，讨伐北元，但由于北元残兵势力已大不如前，王保保也于洪武八年八月在漠北死去，明朝也少了一个劲敌，因此此后的征伐也较以前顺利了很多。洪

武十四年（1381 年）正月初二，由于北元平章乃儿不花等犯境，明太祖再次诏命魏国公徐达为征虏大将军，率左副将军信国公汤和、右副将军颖川侯傅友德等将士前往讨伐。徐达奉命来到北平后，一面加紧开展战前准备工作，一面积极修缮沿边关隘，以完善北部防御体系，增强其战守能力，以有效抵御北元骑兵的入侵。正月二十五日，徐达下令调发燕山等卫屯兵一万五千余人，修筑永平府界岭等三十二处关隘，这就是闻名世界的山海关。嘉靖年间的《山海关志》里面记载说："国朝洪武十四年，创建城池关隘，名山海关。"从此，山海关成了北京东面的咽喉要塞。山海关的修建，使这一带的长城固若金汤，成为阻止蒙古骑兵南下的重要屏障，也使得周边的老百姓从此免于战乱，更使大明王朝从此没有了蒙古兵经常在这一带不断骚扰而又奈何不得的痛楚。同年四月十五日，大将军徐达正式统领官兵出塞，讨伐北元之兵。右副将军傅友德为前锋，率军进抵北黄河，北元骑兵惊恐万分，仓皇逃走。傅友德选派轻骑乘夜袭击灰山，将其一举攻克，擒元将别里不花、太史文通等，并俘获大批人口、牲畜。稍后，徐达派部将西平侯沐英率兵出古北口（今北京市密云县东北），连克全宁等蒙古四部。生擒北元枢密知院李宣，俘虏敌众一千余人。同年八月二十九日，徐达等奉诏班师回到京城，为他生平最后一次出征画上了一个圆满的句号。

（五）戎马一生，将星陨落

自元至正十三年投奔朱元璋所领导的红巾军以后，徐达或拼杀沙场，身冒矢石，或出镇边塞，历经雨雪风霜，数十年如一日，为开辟大明江山、稳固新生的明朝政权呕心沥血。长期的戎马生涯，奔波劳累，使徐达的身体逐渐支撑不住，终于积劳成疾，一病不起。洪武十七年(1384)闰十月，徐达在北平病重，朱元璋遣使将他召还京师应天。据史料记载，在徐达疮疾缠身、久治不愈时，明太祖心急如焚，唯恐失去他这位开国元勋。为了能使徐达早日康复，明太祖不但遣使"四召名医治之"，而且特地在洪武十七年十二月举行祭礼，

祷告山川、城隍之神，乞求神灵保佑徐达痊愈。洪武十八年正月二十六日，明太祖得知徐达“病疮而愈”，很是高兴，还特意派遣徐达的长子徐辉祖持其玺书前去慰问徐达。不料，徐达已见好转的病情后来又突然恶化。洪武十八年二月二十七日，徐达病逝于应天府邸，时年 54 岁。明太祖朱元璋闻讯后，“袒跣奔（徐）达寝，抚尸而恸”，并为之停朝数日，以表示对徐达的哀悼。同时，下诏追封徐达为中山王，谥武宁，赐葬钟山之阴，并准其配享太庙，名列功臣第一。

关于徐达的死因，有些史书记载：“(徐)达病疽，甫痊，赐蒸鹅，流涕食之而卒。”这些材料虽不完全可靠，但也不是捕风捉影，随意捏造的。朱元璋当了皇帝以后，为了确保朱明皇朝“万世一系”，便想方设法加强皇权，凡是他认为有碍于独裁统治的人，不管是勋臣，还是宿将，一律剪除。胡、蓝党狱，把功臣旧将几乎一网打尽。前一年又将南征北战、立下大功的义子亲外甥李文忠暗中毒死。徐达虽为开国功臣，立下盖世奇功，而且一直忠贞不贰，但想到他的震主之威，朱元璋“赐蒸鹅”一事也就并非子虚乌有了。

六、有关徐达的民间传说

在民间传说和野史笔记中，有关徐达的逸闻趣事很多，但是其中多有失实或有待证实之处。

（一）庆功楼上紧随驾

朱元璋建立明朝后，对追随他南征北战、为其夺取天下立有汗马功劳的功臣心存疑忌。为巩固大明江山，明太祖朱元璋决定效法汉高祖刘邦，大杀功臣。但是，这些功臣手掌军政大权，要将他们除掉并不是一件容易的事：一方面计划要天衣无缝，必须确保行动万无一失；另一方面，要想事后瞒天过海，必须预先想好一个能使天下人信服的理由，否则必将留下千古骂名。传说明太祖在此时心生一计，下令建造一座庆功楼，想借大宴功臣的机会，将他们一网打尽。

听说朝廷要建造庆功楼大宴群臣，那些开国功臣们无不深受感动，称颂圣上英明。但是，军师刘伯温却忧心忡忡。第二天，他来到皇宫，要求觐见太祖皇帝。见了明太祖后，他恳求说："如今王业已成，臣责已尽，但愿陛下允许臣辞官归田。"太祖愕然，忙说："军师随朕辛苦半生，如今正当享福，为何却要归隐？"刘伯温说："朝中政事费神，臣年老力衰，只想过个清闲的晚年。"明太祖再三挽留，无奈刘伯温去意已决，于是取出许多金银相赠，并亲自将他送出宫外。

刘伯温走出皇宫后，径直来到魏国公徐达府上，向他辞行。临别前，刘伯温紧紧握着徐达的手说："徐兄，小弟走了，有一句话务必牢记：庆功楼上紧随驾（意即：庆功楼庆宴之日，你要紧随皇上，寸步不可离开）！"徐达听了，一时摸不着头脑，想问个究竟，但刘伯温未做过多解释，只说："务必照此行

事，日后便知。”

庆功楼建成了。这座楼，坐落在鼓楼岗的山坡上，楼身阔而矮，窗户高而狭。从表面上看，它很结实，也很安全。明太祖选了一个“良辰吉日”，邀请朝廷所有功臣前来赴宴。这一天，太阳刚刚下山，庆功楼里一片笙歌，灯火辉煌。赴宴的功臣们互相恭喜道贺，好不热闹。唯有徐达心事重重，毫无心思与众人寒暄，因为刘伯温的临别赠言一直在他脑海里回荡。徐达举目望望楼顶，雕梁画栋，纵横相连；低头看看地面，方石成格，平滑如镜。忽然，他把耳朵紧贴墙壁，用手在墙上敲了几下，觉得声音“咚咚”发嗡，他的脸“刷”的一下，白得像纸一样，这时，只听得一声喝道：“皇上驾到！”百官肃立，躬身行礼，中间让开一条通道。明太祖朱元璋昂然走进大厅，笑容满面，来到席前，忙叫免礼。众人纷纷直起腰来。

在酒筵上，大臣们开怀畅饮，彼此谈起了往事和家常，场面热闹非凡。徐达酒量很大，但今天却怎么也不敢多喝，仔细地观察着明太祖的一举一动。当大臣们酒兴正浓时，朱元璋忽然站起身来，向门口走去。徐达连忙随后跟上。太祖发觉身后有人，回头一看，见是徐达，便问：“丞相为何离席？”徐达说：“特来保驾。”明太祖说：“不必不必，丞相请回。”徐达哀戚地说：“皇上真的一个也不留吗？”太祖朱元璋暗暗一惊，心想：这家伙好精明！竟然识破了我的机密。徐达见明太祖不言语，又说：“皇上如果执意不肯，臣不敢违命，恳望皇上日后能照顾好臣的妻儿老母。”说罢，转身欲回。明太祖忙说：“丞相随朕来。”

明太祖和徐达才走出几百步，突然，“轰隆隆”一声巨响，庆功楼顿时火光冲天。可怜满楼功臣，全部葬身火海。

（二）徐达之死

据说，徐达虽然侥幸逃脱了庆功楼之难，但明太祖朱元璋并未就此罢休，

仍在继续寻找除掉徐达的机会。后来，机会终于来了，徐达患上了背疮！生背疮忌讳吃鱼肉和饮酒，尤其忌食鹅肉，因为鹅肉是发物。与煮鹅相比，蒸鹅因为肉力未进入汤汁，全保留在肉里，劲力更猛，为背疮第一大忌。

明太祖得知徐达生背疮的消息后，心中暗喜，立即亲自生火蒸鹅，然后派两个小太监拿去送给徐达。

此前，徐达经过服药治疗，背疮已经好了许多，正躺在床上静养。忽然，两名小太监破门而入，说："皇上听说丞相贵体欠安，特命我们前来问安。"徐达知道，自己得了背疮，皇上还钦赐鹅肉，这明明是赐死啊。想着想着，两行热泪潸然而下。迫于无奈，他只得上前谢过隆恩，吃下鹅肉，随即背疮骤然加剧，十天后便一命呜呼。

（三）南京"胜棋楼"的来历

我国的名胜古迹，可谓星罗棋布，然而有关棋牌的古迹，却只发现两处，其中之一便是这南京的"胜棋楼"。

"胜棋楼"坐落在南京莫愁湖畔。它坐北朝南，是一座古朴的两层建筑，楼下陈列着名人字画，楼上悬挂着明太祖朱元璋和中山武宁王徐达下棋的画像。楼外两侧槛栏上的楹联写着："粉黛江山留得半湖烟雨，王侯事业都如一局棋枰。"

"胜棋楼"原名"对弈楼"，始建于明洪武元年。正门中堂有棋桌，相传这里是专供明太祖下棋之处，故名"对弈楼"。它后来为何又改为"胜棋楼"呢？说到"胜棋楼"的来历，这儿还有一段千古佳话呢！

传说明太祖朱元璋很喜欢下围棋，只是棋艺很差。徐达也很喜欢下围棋，且棋艺水平比朱元璋高得多。朱元璋经常找徐达对弈。徐达是个明白人，他知道朱元璋和其他朝代皇

帝一样，喜欢别人吹捧，喜欢被戴高帽子，做什么都要比别人强。所以他每次与朱元璋下棋时，都略负数子，以便让皇上高兴。久而久之，明太祖识破了徐达的心思。有一天，朱元璋与徐达游南京城外的莫愁湖。走着走着，朱元璋忽然棋瘾上来了，便要与徐达下棋，并对徐达说："你每次下棋都故意输给朕，你这样是犯了欺君之罪！"吓得徐达连连叩头。接着，他又说："今日下棋，你要使出真本领，朕要与你决一胜负，无论谁输谁赢，朕都高兴。如果你胜了，朕就把这湖赐给你。"

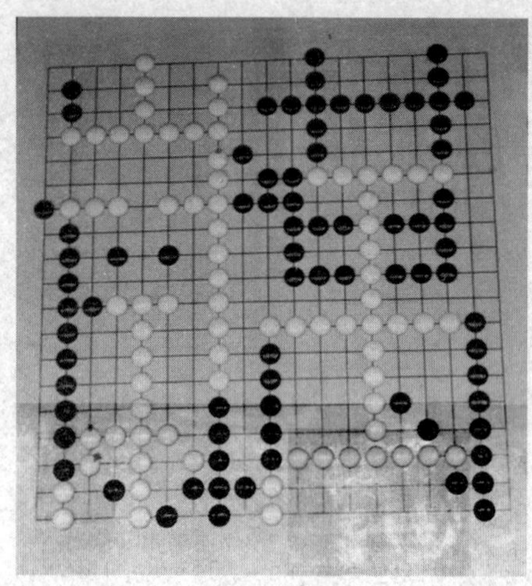

徐达听了点头同意，但心中很矛盾："这盘棋要赢了吧，怕触怒了皇上，故意输了又怕犯欺君之罪，最后思来想去，他忽然眉头一皱，计上心来，与朱元璋认真下起棋来。

这盘棋不像之前与朱元璋下棋时一样不敢赢，而是从开局便每子必争，寸土不让，连连进攻出击，只杀得朱元璋手忙脚乱，一盘棋下来，朱元璋竟然没剩下多少活子。朱元璋自觉丢了面子，正要发作，徐达赶紧跪下说："请陛下细看全局。"朱元璋仔细看了看，发现棋盘上竟用棋子组成了"万岁"二字。他立刻转怒为喜，龙颜大悦，对徐达的棋艺更加佩服得五体投地，于是下令把莫愁湖赐给了徐达，并将"对弈楼"改名为"胜棋楼"。为此，后人还撰写了一副对联"烟雨湖山六朝梦，英雄儿女一枰棋。"

（四）山海关的由来

据说朱元璋做了大明朝皇帝之后，他下了一道旨，派元帅徐达和军师刘伯温到京城以北的边塞之地围城设防，两年之内，必须完成。

徐达、刘伯温二人领了旨，带着人马，即日起程，很快就到了边塞。第二天，两人骑马登高瞭望，寻找筑城的地方。要讲筑城，徐达是外行，他只会交兵征战，冲锋陷阵，围城设防，却不如刘伯温。刘伯温上知天文，下知地理，学问很大。徐达站在高处一看，连说："好地方，好战场！"刘伯温却一

声不响。

第三天，他二人骑马又来到这里，徐达又连声说："好地方，难得的好地方啊！"刘伯温还是一声不哼。第四天，他二人骑马又来到这里，徐达又连连说："好战场啊，好战场！"刘伯温还是不哼一声。徐达见状不解，忙问："军师，你我二人领旨来此围城设防，一连三日，你一言不发，到底为什么？""为了大明江山！还为了你……""为我？此话怎说？"刘伯温用马鞭指了前方说："元帅你看，北边燕山连绵，南边渤海漫天，在此筑起雄关，真可谓一夫当关，万夫莫开啊！"徐达素知军师谋略高，就问："你想修个什么样的？"刘伯温说："这座城要比别的地方的城高大，要城连城、城套城、楼对楼、楼望楼，筑一座铁壁金城。"刘伯温又用马鞭朝四周一指，说："元帅，这里既是个好战场，又是个好居处。你看，这里土地肥沃，气候温和，真是个安家定居的好地方呀！"徐达一听恍然大悟，想起军师说"还为了你"的话。徐达连连叫好，当日回营，二人连夜画图，第二天派将送往京城。朝廷准奏，立刻动工。整整干了一年零八个月，城池竣工。

这天早朝，朱元璋一看徐达、刘伯温回来了，就问："二位爱卿回京，城池可筑成？"二人出班奏道："托圣上洪福。"朱元璋又问："可曾命名？"徐达、刘伯温二人一听，都愣住了。当时降旨，只叫筑城，未让命名呀！徐达心直，刚要张嘴，只见刘伯温跨前一步说："臣等未敢妄动。只是那座城，南入海北依山，真可谓山海之关，万岁圣明，请恩示吧！"朱元璋一听，把手一摆说："好，就叫山海关！"

从朝里回来，刘伯温随徐达到了徐府，对徐达说："我不能再在朝为官了，我得走了。"徐达忙问："干什么去？"刘伯温说："我本是山野道人，还是云游四海去吧！"徐达不解，说："你我随皇上南征北战，平定江山，如今又修了山海关城，可谓劳苦功高，本该享受荣华富贵，这么走了，皇上知道不会准奏的。"刘伯温说："差矣！万岁如让你我共享荣华，就不会派我们俩边塞筑

关城，也不会只给两年期限。你我若不接旨，性命难保；接旨若不按期完工，又犯欺君之罪；若筑成私下命名，属目无皇上；而今未敢命名，也属办事不周，这只是刚刚开始呀！”徐达大惑：“军师，你是说……”刘伯温手一挥说出“兔死狗烹，鸟尽弓藏。帝与臣，可与共患难不可与共享乐的例子还少吗”一席话，说得徐达目瞪口呆，半天才说：“军师，你一走了之，我怎么办？”刘伯温说：“你不能走，你要随朝伴驾，无论何时，不要离开万岁左右。赶你，你也不要离开。另外，你的孩子不能留在京城，让他们到山海关去吧。那里城高池深，不受兵刀之苦，即使烽火连天，此处进有平川，退有高山，是用武之地。”徐达说：“就照军师的话做。明天就叫小儿去山海关。”正说着，闯进一员大将，姓胡名大海。他在帐外听到了徐、刘二人谈话，进屋就嚷：“元帅，我与你出生入死，驰骋疆场，如今公子要去山海关，我也打发一个孩子随他同行吧！”话音没落，大将常遇春又来了。刘伯温素知眼前这三位是生死之交，就把事情原委告诉了他们。常遇春也坚持打发一个孩子同去山海关。

不久，刘伯温不辞而别，徐达按刘伯温所言，寸步不离皇上，方保性命。而胡大海、常遇春等开国元勋，竟都糊涂地死在庆功楼火海之中。

再说，徐达、胡大海、常遇春的三个儿子到了山海关，定居安家。后来，这三家的后代，在山海关城里修了徐达庙，城东北修了胡家坟，城西南修了常家坟，都立了石人、石马和石牌坊。

（五）显功庙与徐达墓

徐达修建了天下第一关山海关，后人为了表彰他的显赫战功以及他修筑山海关的功劳，明景泰五年(1454 年)，朝廷下令在山海关城内为徐达立庙祭祀，成化七年（1471 年）建成，所建之庙叫显功庙，又称太傅庙、徐达庙，由内阁大学士商辂撰《显功庙记》，勒石立碑。可惜的是此庙今天已经不存在了，遗址

在山海关北街居民前胡同。

太傅提兵出塞还，
更因渝塞起渝关。
石驱到海南城堞，
垒筑连云北倚山。
辽水至今来靺鞨，
蓟门终古镇寘颜。
岁时伏腊犹祠庙，
麟阁勋名孰与班？

这是明嘉靖年间山海关兵部分司主事陈绾写的《显功庙》诗，它歌颂了徐达筑山海关建山海卫的丰功伟绩。

徐达墓位于南京钟山，是明初诸功臣墓中保存较好的。墓前丰碑石马，规模宏大。其中最为引人注目的，是洪武十九年(1386年)立的“御制中山神道碑”。这块碑通高8.95米，宽2.2米，厚0.7米，下承龟趺，蔚为壮观，比明孝陵(太祖墓)四方城的“神功圣德碑”还高出0.11米，它是明代功臣墓中最大、最有代表性的一块神道碑。碑文由明太祖朱元璋亲自撰写，共约2100余字，记载了徐达一生的主要活动和功绩。更让人惊奇的是，这块碑的碑文里有标点符号，这实在罕见，可算是古碑中的一件奇闻。学者经过研究认为，大概碑文是由臣下代笔，而他们怕没有文化的朱元璋读起来不方便，于是用圆圈断句，然后交付工匠镌刻，因是皇帝“御制”，工匠只得依样画葫芦，于是给我们留下了这块标有句读的碑文。

驱逐倭寇——戚继光

戚继光（1528–1587），字元敬，号南塘，晚号孟诸，明代山东登州人。供职明嘉靖、隆庆、万历三代帝王，史称“三朝虎臣”。 著名抗倭名将、民族英雄，三十六年的军旅生涯，征战于鲁、浙、闽、粤等地，声威满华夏；同时也是明代著名“儒将”，对练兵、军械运用、阵图等多有创见，著有《纪效新书》《练兵实纪》《练兵议》等书，在我国古代军事思想史上占有重要地位。

一、将门虎子

戚继光（1528—1587 年），字元敬，号南塘，晚号孟诸，明代山东登州人。供职明嘉靖、隆庆、万历三代帝王，史称“三朝虎臣”。著名抗倭将领、民族英雄，三十六年的军旅生涯，他征战于鲁、浙、闽、粤等地，声威满华夏。同时他也是明代著名“儒将”，一生博览群书、著述甚丰。在军事上，对练兵、军械运用、阵图等多有创见，著有《纪效新书》《练兵实纪》《练兵议》等著作，其中《纪效新书》《练兵实纪》在我国古代军事思想史上占有重要地位。

明朝嘉靖七年国闰十月初一（1528 年 11 月 12 日）夜，山东济宁东南约六十里，深沉无边的黑暗笼罩着一个名叫鲁桥的小市镇，月亮经不起太长时间的等待，早已下山了，这里的一切几乎都进入了梦乡，除了那些夜晚觅食的小动物们。

镇上黑漆漆一片，只有一户人家亮着灯，主人戚景通在小院中来回地踱着，步伐时紧时慢，灯火之下略有些皱纹的脸上写满了焦虑与不安。小院中的丫鬟们来回穿梭，仆人们也在窃窃私语，所有的人似乎都在等待着什么。

不知过了几个时辰，东方的天际间出现了一丝亮色，淡淡的晨雾也慢慢地涌进了小院，使院里的一切都蒙上了一层薄薄的轻纱。

突然，“哇”的一声，一声响亮的婴儿啼哭打破了夜的沉静，所有的人都噤声敛步，戚景通的脸上露出亦惊亦喜的表情，他慌忙走到门口，还未等推开房门，一位慈祥的老太太从房中急急地走了出来，戚景通见她出来，慌忙问道：“怎么样？”老太太满面笑容地说道：“贺喜戚老爷，是个公子，公子和夫人都很平安！”听罢，戚景通长吁一口气，心里念着：戚家后继有人了！他兴奋得有些不知所措。“老爷进去看看啊！”接生婆说道。这时，戚景通才想起自己应该去看看儿子，他三步并作两步走进房中，只见夫人王氏的身边多了一个襁褓，

看见戚景通走了进来，王氏因疲惫而有些苍白的脸上露出一丝幸福的笑容，她看着襁褓中的孩子，轻轻地说："老爷，快给孩子起个名吧。"孩子已经睡着了，看着孩子圆润的脸膛，稀稀的头发，戚景通心里一热，他抬头看看窗外，一轮红日正从东方喷薄而出，晨光顿时洒满了大地，天亮了。"叫继光吧，但愿他能继承祖业，发扬光大呀！"说罢，戚景通充满期望的眼神落在了刚刚出生的儿子身上，他把毕生的希望也都寄托在了幼小的儿子身上。

戚家因为祖上的战功，代代世袭登州指挥使佥事，到戚景通这一代，已经历经五世，共约一百三十四年了，而戚继光则是这个家族第六代的第一个继承人。

戚景通是一个勤奋的人，他不仅熟读兵书，有着丰富的军事知识，而且武艺超群，擅长刀法、射箭。同时，他为人也十分正直，不屑于趋炎附势、阿谀奉承，更不与奸佞之人为伍，光明磊落。老年得子，他自然对戚继光钟爱有加，但他对儿子的教育却从来没有放松过。他很早就教戚继光认字读书，练习武艺，还时常给他讲述为人处世、保家卫国的故事和道理。等到他退休在家以后，对儿子的教育就更加严格了。戚景通最重视的莫过于对戚继光的品德和操守的教育与培养，在这方面，他表现得很是严格，甚至有些不近人情。有一次，他发现戚继光的脚上穿了一双漂亮考究的丝鞋，便勃然大怒，马上命他脱下来并要求以后永远不许再穿，年幼的戚继光还不能明白父亲的用意，更不明白他为什

么要发这么大的火，感到恐惧和委屈，大哭起来。母亲王氏闻声走来，一边哄着年幼的戚继光，一边询问丈夫发火的原因。戚景通气冲冲地说明了原因，王氏说："这双鞋是我让孩子穿的，这是他外公送的礼物，我也知道老爷不喜欢孩子过分讲究，但是这是他外公的一片心意，收了一直不穿，老人家会不高兴的。"听完王氏的解释，戚景通心里的怒气才渐渐平息了，但仍然不许戚继光再穿这双鞋子。他语重心长地对王氏和年幼的儿子说："一个人如果从小爱奢侈、讲虚荣，长大后就会养成骄奢淫逸、轻浮狂妄的恶习，小则毁掉自己的一生，大则误国误民啊。"这件事对戚继光的影响很大，使他自幼便在心中树立起一个信念：人活着是不能够爱慕虚荣的。

在父亲的严格教育下，戚继光茁壮成长着。在他十五六岁时，武艺已经相当了得，他刀法娴熟、箭术高超，并且力气惊人，能够百步穿杨，单臂能举起沉重的石锁，还经常和当地一些武林中的杰出人物切磋武艺，渐渐地他的武艺在当地已经无人能敌了。在练武的同时，戚继光还熟读四书五经和古代兵书，听父亲讲述古代著名将领的故事，研习古代的一些著名战例，从而增长了知识，开阔了视野，为以后建立功勋打下了良好的基础。

明朝嘉靖二十三年（1544年）的夏天，戚继光已经十六岁了，已经古稀之年的戚景通由于年事已高，再加上积劳成疾，身患重病，他知道自己将不久于人世，就命戚继光进京办理袭职的手续。临行之前，病榻上的戚景通紧紧拉住儿子的手，满含热泪，凝视着儿子那略显稚气而又果敢坚毅的脸庞，久久不能说出一句话来，他预感到这也许是自己和儿子能够见到的最后一面，以后整个家族的重担与希望就要落在这个尚未成熟的儿子肩上了。最后他说："孩子，我们戚家世代为将，你袭职以后，也是国家的军人，记住要报效祖国，要对得起国家和自己的祖宗。你去吧，一路小心啊！"戚继光也流下了眼泪，他只是使劲地点点头，说："您安心养病吧，您的话我都记住了，办完事儿我很快会回来的！"说罢，便拿起母亲早已收拾好的行囊，恋恋不舍地踏上了进京的路。

年轻的戚继光无论如何也没有想到，这一次的匆匆离别，竟是他和父亲的

生离死别。他一路奋马扬鞭，风尘仆仆，一路上的风景名胜和京城的似锦繁华并没有使他留恋，他只是匆匆地去兵部办完了手续，便急急地踏上了返乡的路程。离家越来越近了，但一种不祥的气氛也越来越浓了，熟人们见了他也只是匆匆地打个招呼便离开了，“难道父亲……”戚继光想，他马上赶回家里。看到家里的白布挽幛和弟妹身上的重孝，戚继光顿时明白了，自己最敬爱的父亲已经离他而去了，他觉得头顶的太阳似乎变成了黑色，周围的一切都在旋转，他步履蹒跚地走到父亲的棺材前，痛哭起来。

父亲走了，永远地离开了他。父亲戎马一生，没有留给他们丰厚的遗产，只有他们居住的一所老屋、一把川扇和一张卧床而已，可是父亲廉洁自律、大公无私的高尚情操和对他们的严格教育却使戚继光和他的弟弟妹妹受益终生。

这一年，年仅十几岁的戚继光成为大明王朝的登州卫指挥佥事，父亲的离开也使他过早地承担了家庭的重担，既要照顾已经年迈的母亲，又要教育尚在幼年的弟弟妹妹。第二年，戚继光娶了妻子王氏，二人共同承担了整个家庭的生活压力，很快成熟起来的戚继光渐渐懂得了去思考家事、国事和天下事。

嘉靖二十五年（1546 年），年轻的戚继光正式分管本卫所属的屯田事务。

在这一段时间里，戚继光过着平静的生活，除了处理一些日常事务以外，他大部分的时间都用来读书和练习武艺，并认真系统深入地研习了古代的各种兵法书籍。年轻的戚继光渴望能够有一天像古代的英雄们一样，为国家、为民族立下不朽的功勋，成就一番伟业。

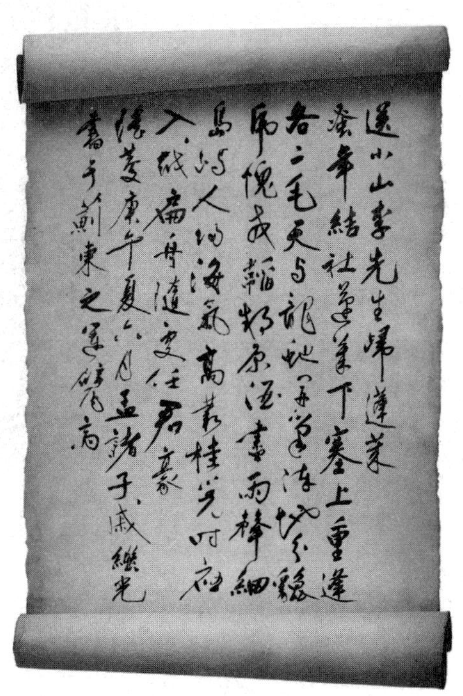

嘉靖二十七年（1548 年），戚继光得到命令，率领本卫的士卒远戍蓟门（今北京市东北），他将要第一次带领部队走上战场。得到了命令后，他首先安排了家中的事务，给弟弟戚继美娶了妻子，而后满怀对未来的期望，踏上了北上的征程。在戍北的日子里，戚继光还参加了武举考试，并以优异的成绩成为一名武举人。嘉靖十九年（1550 年）秋，正

当戚继光以武举人的身份在北京参加会试的时候，北方蒙古族首领俺答汗率领十几万大军南下，攻占了长城沿线的许多地方，对北京构成很大的威胁，朝廷紧急调集各地的兵马火速支援北京，在京应试的武举们也参加了战斗。在这次战斗中，由于戚继光表现突出，被任命为总旗牌，督防九门。这次战斗不但增加了他的实战经验，而且让他对国家面临的处境和军队的状况有了一个深入的认识；同时，戚继光的突出表现也给朝廷和军队的高级将领们留下了深刻的印象。

一个渐渐成熟的戚继光终于走上历史早已为他搭建好的舞台。

二、初战成名

明朝初年，位处中国东方的日本进入了其历史上的南北朝时期，随着战争的逐渐进行，北朝逐渐征服了南朝，于是，在南北战争中处于失败地位的南朝武士们便丧失了军职，被迫流亡到各地的小岛上，成为没有正当职业的“日本浪人”。这些人与日本国内的一些不法商人相勾结，同时还吸纳了一部分农民和渔民，成群结队，乘着海风，来到中国东部沿海地区，有时进行一定规模的走私活动，但更多的时候则是进行烧杀抢劫，造成明朝历史上著名的“倭患”。由于利益的诱惑，中国沿海地区的许多奸商、土豪、劣绅、流氓、海盗，甚至某些朝廷命官都与倭寇相勾结，他们有的为倭寇提供情报、有的为倭寇提供便利，有的甚至直接参与倭寇们的行动，危害极大。在明朝前期，明朝政府尚能应付倭寇们的袭击，但随着国势的衰弱，原本就十分虚弱的海防力量进一步空虚，在面对种种复杂的状况时，便有些力不从心了，倭寇终于酿成了威胁明朝统治的大患。

面对如此严峻的形势，明朝政府并没有意识到问题的严重性，甚至还错误地打击和惩处一些主张抗倭的将领和大臣。直至1552年，大批倭寇在江浙一带登陆，给当地造成很大的损失之后，明朝朝廷才认识到问题的严重性，不得不启用一些较有能力的抗倭将领和大臣，抗倭的大业才因此出现了一些转机。倭寇的主要活动地点虽然在江浙一代，但在嘉靖三十一年（1552年），曾有一支倭寇的队伍在山东沿海登陆，山东的形势也一时紧张起来，于是在这一年，朝廷把戚继光调往山东抗倭前线，任山东都指挥佥事，专门负责山东抗倭事宜。

时年25岁的戚继光第一次真正地独立带兵了。这一次，他要单独面对复杂的部队情况和敌情。

戚继光上任后的第一个问题就是如何治军。怎样建立一支训练有素、能够

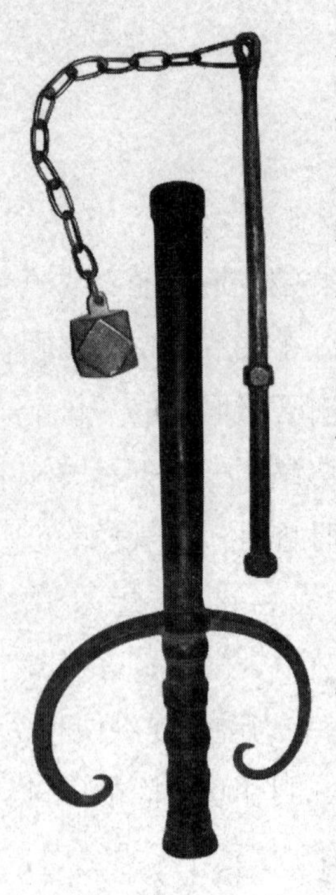

克敌制胜的队伍呢？戚继光首先从整顿军纪入手，他知道严格的纪律是军队战斗力的保障，有了严格的纪律，部队才能听从指挥，进而才会形成战斗力。面对戚继光推行的种种新的纪律与措施，很多人不服气，他们有些瞧不起这个只有二十几岁的年轻将领。面对这种情况，戚继光决定首先树立自己的威信。他手下有名军官，按照亲戚关系，戚继光应该叫他舅父，平时戚继光很是尊重他，但是这个人却依仗自己的辈分，说话做事都有些傲慢。

一次，戚继光在大帐里布置任务，这名军官对分配给自己的任务不太满意，便公开顶撞戚继光。面对这种情况，戚继光有些犹豫，从亲戚关系上看自己不能处分他，毕竟他是自己的长辈；但又一想，如果不当众处分他，以后便没有办法再发布命令，这样又怎么去管理部队呢？想到这里，戚继光拍案而起，命令卫兵将舅父按军法处置，拉出去重打二十军棍，不许任何人求情。面对这样的场景，下面的军官个个都吓出一身冷汗。等到行刑完毕，当晚戚继光亲自去看望舅父，把处罚他的缘由娓娓道来，并动之以情，晓之以理，终于使舅父认识到自己的错误，明白了戚继光的良苦用心，从此心悦诚服地听从戚继光的指挥了。这件事在军中传开以后，大家对年轻的戚继光很是佩服，从此便很少有人再违反军纪了，戚继光部队的战斗力也比以往有了显著地提高，山东的形势也得到了大大的缓解。

嘉靖三十四年（1555 年），戚继光被调往浙江，任浙江都司佥书。由于得到上司浙江总督胡宗宪的赏识和保举，嘉靖三十五年（1556 年），戚继光被任命为参将，负责宁波、绍兴和台州三府的抗倭工作。戚继光上任伊始，就接到情报，被友军击溃的一部分倭寇大约八百多人，正向龙山所进犯。龙山所的地理位置十分重要，如果此地失守，将直接威胁省城杭州的安全。接到命令之后，戚继光马上率部出击。这一仗明军在数量上占绝对优势，上级除了调动戚继光部以外，还调动了参将卢镗、副使徐东望、王询、把总卢锜、游击尹秉衡等，几路大军共计一万余人。所有的将领都认为此役必胜无疑，但是等到明军和倭寇一交上手，才发现事情不是那么简单。

倭寇虽然只有区区的八百多人，可是面对几十倍于自己的明军士兵并不惧

怕，还抢先向明军发起了进攻。三路倭寇在三个头领的带领下，有的穿着奇异的盔甲，有的干脆光着膀子，手舞倭刀，“哇哇”怪叫着，凶神恶煞一般向明军冲了过来；面对凶猛的敌人，许多明军士兵有些胆战心惊。面对越来越近的倭寇，戚继光下令鸟铳和弓箭准备，一阵鸟铳和弓箭射击过后，倭寇们倒下了一片，但他们冲击的势头并没有减弱。这时，一阵鼓声响起，大队的明军士兵冲了上去，双方很快混战在一起，但很快前面的明军士兵有些顶不住倭寇们的冲击，后面的士兵一看势头不对，干脆拖着兵器，掉头就跑，很快有许多人见别人逃跑了，也纷纷加入后退的行列，这种场面如不加以控制，极有可能形成大溃败的结局。戚继光一看势头不对，苦思对策，当他看到三个带队的倭寇头目，头脑中灵光一闪，只见他跳上旁边的一块大石头，先目测了一下距离，然后取出自己的硬弓，迅速地搭上一支长箭，瞄上中路的倭寇首领，只听“嗖”的一声，利箭直向目标飞去，眨眼之间那名首领应声倒地，戚继光的一箭正中他的胸部。看到首领突然倒地，中路的倭寇一阵混乱。这时，戚继光又瞄准了左路的倭寇首领，又把他射倒在地，同样第三个首领也被戚继光射倒在阵前。一瞬间，敌人的三名首领都被戚继光射死，失去指挥的倭寇阵形一阵大乱。这时戚继光拔出腰刀，大喝一声：“后退者，杀无赦!”明军士兵这才稳住了阵脚，大队的明军士兵冲了上去，终于将倭寇击溃。

看着已经退却的倭寇人马，戚继光长长出了一口气，这一仗明军终于取得了胜利。戚继光也因在战场上的出色表现而名声大振，得到了同僚的好评和士兵的拥戴。面对取得的胜利，戚继光并没有被冲昏头脑，他的脑海中一直浮现着在战斗中明军士兵面对倭寇退却的情景，心里想：要想平定倭贼，这样的部队怎么行呢，必须有一支能战敢打、训练有素的队伍才行。同时，戚继光认为倭寇们的战术也是值得研究的，如果不能很好破解敌人的战术阵形，便不能取得抗倭战斗的最终胜利。他因此时时陷入沉思之中。

三、鸳鸯阵法

戚继光一向重视部队的武器装备，他认为武器装备是取得胜利的关键因素之一。在作战闲暇之际，戚继光首先分析研究倭寇们的武器装备和明军的武器装备之间的差别。

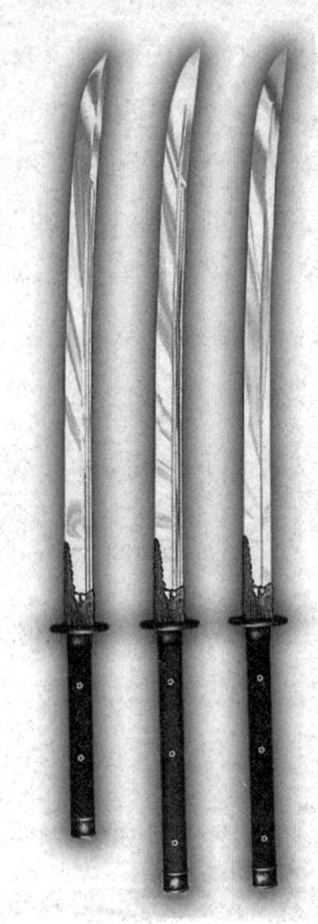

倭寇主要使用日本刀和弓，其次是鸟铳等火器。其实弓箭和鸟铳在明军的抗倭部队中也有，而且性能也不落后。但是日本长刀就不一样了，倭寇们用的刀长约一米四左右，有长柄，其长度与重量大约是明军常用配刀的两倍左右，而且可以双手进行劈砍。倭寇几乎每人必配三把刀：一长刀，又叫配刀，是他们的主要作战兵器；长刀上又配一小刀，以便杂用；另配有一刺刀，分为两种，长约一尺左右的叫解手刀，长一尺余的叫急拔刀。在作战中，倭寇往往长刀和短刀杂相使用，稍远的则用长刀，而近搏则是用短刀，非常灵活。而明军士兵装备的往往是单刀和藤牌，二者都只能单手使用，单手使用的力量远没有对方双手使用的力量大，而且使用起来也远远没有对方灵活。不仅如此，由于当时的战斗都是小规模的，对武器的要求也就很高。许多日本武士对刀十分重视，日本当时的制刀技术也非常发达，他们在制刀的时候采用“包钢”技术，这样的刀刀身整体十分坚固。并不是说明朝的制刀技术落后，其实日本的制刀技术大部分继承的是唐代的制刀技术，明朝时中国也掌握了“包钢”技术，不过由于这种方法造价很高，大规模的军队装备不起，所以只有一些将官配有这种好刀，而一般明军配备的是一种短单手刀，这种刀只有刀刃部分才是钢制，我们可以想象到明军士兵和倭寇们对抗的时候单刀对劈砍的惨痛结局。

另外，倭寇们的战术和明军有所不同，倭寇们受不同的首领指挥，主要目的在于劫掠中国的财富，他们各自成股、分散流窜，缺乏统一的作战指挥。一

般说来，各股倭寇在海上啸聚窥视，选择明军薄弱地点登陆，之后立刻焚毁船只，以示背水死战的决心。

行军时，倭寇往往三十人结成一队，也有的四五十人或二三十人结成一队，队与队之间相距一至二里。领队人挥舞百脚旗，以最强悍的武士为前锋和后卫，中间是一些强弱相杂的武士，一队人鱼贯而行，形成了长蛇阵，整个队伍可延绵数十里，不容易被包围。遇有敌情，即以海螺为号，聚拢起来，互相救援。

在与明军对阵时，倭寇队形四分五裂，但经常是背向太阳，东一处西一处，往往能够包围住明军。他们往往先派出一些人在阵前跳跃蹲伏，极尽挑衅之能事，诱使明军胡乱放箭支、火器，等到明军箭支、火器消耗完之后再开始进攻；抑或以逸待劳，待明军行动以后再行进攻。进攻的时候，以善于使刀的武士在前面冲锋，并且用俘获的妇女老幼为先锋，使明军眼花缭乱，然后挥刀上晃下砍，击杀明军；或者列出蝴蝶阵，首领挥舞本国扇子为号令，一人挥扇指挥，众人都挥舞长刀，刀光闪闪，乘明军被刀光晃住眼睛的时候，即行劈砍，这样往往能使明军陷入失败的境地。倭寇们在吃了败仗的时候，往往马上扔掉抢来的妇女、财物，在明军士兵互相争抢的时候，趁机逃跑。倭寇们还特别善于施行诡计，他们有时乔装打扮成农民、市民等进行突然袭击，有时采用声东击西的方法等等；而明军的各个部队则往往被动出击，他们的反应速度比较慢，另外各个部队之间缺乏合理有效的配合，即使能够联合作战，各部之间也容易互相推诿，贻误战机，加上明军士兵的整体素质较差，战斗力较弱，所以明军和

倭寇的战斗往往是败多胜少。

戚继光认为，如果要改变这种局面，首先必须更新士兵们的装备，使明军的装备能够有效地克制敌人长刀威力的发挥；另外还必须建立新的士兵选拔体制、训练体制和作战指挥体制，建立一支全新的部队，专门用于对倭寇的作战，这样一来，抗击倭寇的事业才有可能取得决定性的胜利。他认为首要任务是应该解决明军装备上的差距，寻找一种克敌制胜的办法。戚继光为了改变装备的劣势，开始重新采用“包钢”技术，他仿制日本长刀锻造“戚家刀”。这种刀的刀身类似日本刀，不过长度要比日本长刀短小，有些资料显示是八十到九十厘米左右，而且为了适合明军的使用习惯，刀柄有一个向下的弧度，一般资料认为是单手使用的，有的资料也说单双手都可以操控，这使得明军在兵器上拥有了对抗倭寇的能力。另外，还要根据倭寇们的作战特点对部队进行重新编制，根据士兵们的年龄、体质对士兵进行分类，不同类别的士兵要完成不同的任务，不同任务的士兵配备不同的装备，形成一个个攻防兼备的小的作战队形，全队队员各用其所长，配合作战，然后一个个小的作战队形构成整个作战部队。如果在作战中有的小队形中的个别士兵出现了损失，可以根据实际情况重新组合，而不影响小队形的战斗力的发挥。在这种思想指导下，在长时间的作战实践中，戚继光逐渐形成了较为成熟的作战思想和编队方法，这就是闻名后世的专门用于对倭寇作战的“鸳鸯阵”。

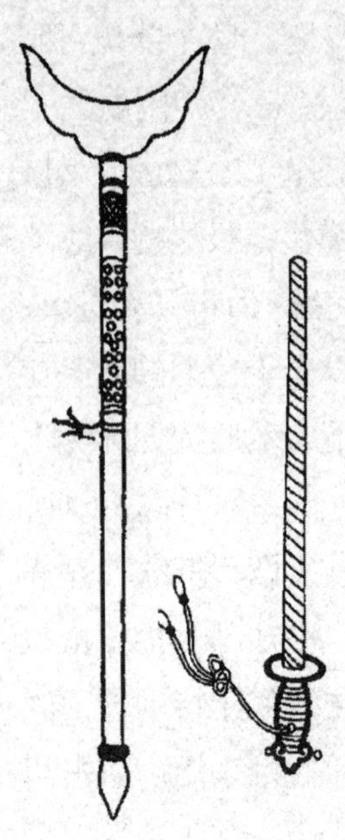

“鸳鸯阵”阵形一般以十一人为一队，最前面的人作为队长，接下来的两个人一个人手执长牌，另一个手执藤牌。长牌手手执较长的盾牌用来遮挡倭寇的重箭、长枪等长兵器，而藤牌手则手执较为轻便的藤牌并带有标枪、腰刀。长牌手和藤牌手主要掩护后队前进，藤牌手除了掩护之外还可与敌近战。再后面的二人作为狼筅手，狼筅是利用我国南方生长的毛竹，选取那些既老而且坚实的毛竹，用刀将毛竹的前端斜削成尖状，去掉竹叶，留下主干四周尖锐的枝丫，做成狼筅。每支狼筅长三米左右，作战时狼筅手手执狼筅，主要利用狼筅前端的利刃刺杀敌人，以掩护盾牌手的推进和后面长枪手的进击。再接着是四

名手执长枪的长枪手，左右各二人，分别照应前面左右两边的盾牌手和狼筅手。再跟进的是使用镋钯的短兵手，如敌人迂回攻击，短兵手即持镋钯冲上前去劈杀敌人。“鸳鸯阵”不但使矛与盾、刀与箭紧密结合，而且充分发挥了各种兵器的效能，其阵形变化灵活，可以根据情况和作战需要变纵队为横队，可以变一阵为左、右两小阵，或者左、中、右三小阵。阵法可以随机应变，变纵队为横队即称两仪阵，两仪阵又可变为三才阵：当阵形变化成两个小阵时称为“两仪阵”，左右盾牌手分别随左右狼筅手、长枪手和短兵手，护卫其进攻；当变成三个小的阵形时称为“三才阵”，这时，狼筅手、长枪手和短兵手居中，同时盾牌手在左右两侧护卫。这些变化了的阵法又称“变鸳鸯阵”，这样的队形不但便于管理，而且便于日常训练，便于士兵们的协同作战。在日常生活、训练中，一个队的士兵几乎天天在一起，队长了解手下的每一个士兵，士兵之间也非常熟悉、默契，在作战中就能够较为密切的协同配合，形成整体的战斗力，充分发挥整体作战的优势与长处。

鸳鸯阵运用灵活机动，正好抑制住了倭寇作战优势的发挥，进而发挥自己的长处和威力。戚继光率领的队伍，经过长期的“鸳鸯阵法”的演练后，在与倭寇的作战中，几乎每战必胜，在后来的牛田之战中，甚至创造了杀敌六七百余而自己无一阵亡的经典战例。

四、创建新军

经过龙山所之战以后，在这一年的九月份，戚继光部队和总兵俞大猷的部队在追击倭寇的过程中，不幸在雁门岭中了敌人的埋伏，几乎所有的官兵都败退了。戚继光的部队虽然没有败退，但也没能继续追击敌人，以致敌人从容逃脱。从这些战斗中可以看出，明军存在整体作战能力较差、士兵素质参差不齐、将令经验不足等诸多问题。

种种情况让戚继光深感忧虑，于是在同年的十一月份，他向上级提出了练兵的建议，第二年的春天，他又一次向上级提出了练浙江士兵的建议。看到戚继光两次练兵的建议，人们议论纷纷，许多人对戚继光的想法大为不解，认为没有必要这样大张旗鼓地练兵。由于各级官僚机构的办事拖延和其他种种原因，直到这一年的冬天，戚继光的练兵方案才获得朝廷的批准，总督胡宗宪决定把兵备佥事招募的三千绍兴兵交给戚继光训练。

经过戚继光的训练，这支部队的战斗力明显高于其他部队，军纪相对严明，军容也相对整齐，在一些战斗中取得了胜利。在嘉靖三十七年（1557 年），总督胡宗宪招抚大汉奸王直的计划失败，王直被捕杀，盘踞在舟山岑港的王直余部再度发生叛乱，胡宗宪命俞大猷和戚继光率部攻打岑港。当时的情况是倭寇虽然只有区区七百余人，但他们据险死守，明军久攻不下，相持了整整一个春季。这年夏天，俞大猷和戚继光同时受到朝廷的处分，上级命令他们务必在一个月内攻下岑港。虽然战斗最后取得了胜利，但是戚继光反思了自己的部队在战斗中的表现，发现自己训练的士兵虽然行动上较为迅速、敏捷，比之以前士兵的军容有较大的改观，但本质上还是没有很大的区别，他们对倭寇依然有些畏惧情绪，关键时刻作战

还是不够勇敢、坚决。嘉靖三十八年（1558 年），倭寇的部队进攻浙江桃渚，戚继光带领这支部队，分别在章安、莒埠、海门卫、新河和南湾五个地区打败敌军，基本上全歼了这支进犯的倭寇队伍。

虽然战斗取得了最终的胜利，但在战斗中发生的一些事情却让戚继光受到很大的震动。在一次战斗结束之后，一名士兵提着一颗血淋淋的人头飞奔到戚继光面前，来向戚继光邀功请赏，说他杀死了一名倭寇，这就是敌人的首级，还没等戚继光说话，随后又跑来一名士兵，向戚继光双膝跪倒，号啕大哭道：“请将军明鉴啊，这不是倭寇的首级，这是我弟弟的首级。我弟弟在战斗中受伤以后，还没有断气，就被他割了头来请赏了。”戚继光问及此事，那名要邀功的士卒果然无以应答。看到自己的队伍里出现这种情况，戚继光异常震怒，当即将那名邀功的士兵斩首示众。另外戚继光还发现士兵们有妄杀平民的现象，这些事情一经发现，他便进行了严肃的处理。

鉴于以上的种种情况，戚继光下定决心要重新招募一支队伍进行训练。招募队伍首先要考虑的是兵源的问题，戚继光需要的是那些勇敢、剽悍同时又不会偷奸耍滑的人。恰在这个时候，戚继光听到了这样一件事情。不久前在浙江义乌地区，发生了一起大规模的群众械斗。起因是义乌境内的一座山，这座山

叫作八宝山，因人讹传山上有矿藏，永康境内的许多矿工和其他的一些人便来到这座山上，要开山采矿。义乌人得到消息以后，便告知了当地的一些大户，这些大户便组织一些人对永康人的行为加以制止，永康人一看势头不对，便跑了。但是事情还没有结束，永康人回去之后，纠集了更多的人来到这座山上，要大张旗鼓地强行开山。这种行为更是激起了义乌人强烈的不满，他们也纠集更多的人，来到山上要与永康人进行谈判，谈判不成，双方发生大规模的群众械斗，血流满地，双方的伤亡都比较大。虽然事情本身是不对的，但戚继光看到的却是义乌人在械斗中表现的团结意识和剽悍民风，这些都是他想要的，如果把这些人组织起来用于对倭寇的作战，那将是一支令人生畏的军队，于是戚继光决定到义乌去招募军队。

经过明朝朝廷和上级的准许，戚继光于嘉靖三十八年（1559 年）来到了义乌境内，由于得到了当地地方官员的有力支持，戚继光较为顺利地说服当地的一些大户和头面人物，按照自己的严格要求顺利地招募到了四千余人。完成招募工作之后，接下来的工作是对新兵进行严格的训练。经过了自少年时代开始的长期学习和近几年的实战磨砺后，戚继光形成了自己较为独特的练兵思想，他认为练兵就要对士兵的耳目、手足、胆气和营阵等各方面进行全方位的训练。

首先进行的是练耳目，通过这项训练要让士兵树立一种服从命令的意识，让士兵做到令行禁止，绝对服从。众所周知，古代将领指挥作战，主要依靠的是发出的指示信号，这些信号主要用锣、鼓和指挥官手中的旗帜发出，戚继光首先要求士兵熟记这些信号所表示的指令含义并牢记在心。接下来士兵要做到对这些指令的绝对服从，不准有任何的差错。通过这样的训练，部队形成铁的纪律，为以后的作战提供了有力的保障。

其次，戚继光很注重士兵的体能和技艺，练手足也就是加强士兵的体能和武艺的训练，因为在那个时代，士兵的个人体能和武艺是作战时最直接的力量。他先对士兵进行体能训练，组织长跑练习耐力，用身负重物或者举重来练习身体各个部位的力量。接下来是对士兵进行技艺训练，戚继光注重实战，他反对

士兵练习那些花拳绣腿，而是要求士兵练习简单实用的搏击技巧，使士兵们能够在战场上防身救命，杀敌立功。他把那些武艺的原理细致系统地教给士兵，让士兵对这些原理有一个全面的了解，然后一招一式地演示给士兵们看，要求他们勤学苦练，并且设立考核制度，以此检验士兵们练习的效果并奖励勤奋好学的士兵，惩罚懒惰的士兵，形成良好的练兵氛围。

再次是练胆气，戚继光认为，自己以前带的士兵之所以从内心惧怕敌人，是因为士兵们的整体思想意识不高，同时也缺乏足够的勇气和胆量。练胆气的目的一方面是提高士兵们的思想意识，另一方面是要提高士兵们的胆量。具体的方法则是：对士兵们进行思想教育，讲明为国为民的道理和抗击倭寇、保卫家乡的意义。要求军官们以身作则，为士兵们做出表率，做到尊重士兵和爱护士兵，在日常生活中培养士兵之间、官兵之间相互信任的意识。实行严格系统的奖惩制度，在执行的时候做到公平公正，让士兵们明白努力勤奋、荣立战功就能够得到赏赐；敷衍懒惰、贪生怕死就一定会受到军纪的惩罚，没有人可以逍遥于军纪之外。

最后是练阵形，主要是培养士兵们协同作战的意识。戚继光深深地知道，打仗不是逞匹夫之勇，一个人的力量再大，武艺再高强，也不可能取得战争的胜利，只有依靠团队的力量，才有可能取得胜利。戚继光根据江浙一带的地理状况和倭寇们行军作战的特点，有针对性地设置训练内容，主要训练士兵们的基本作战队形，如行军、冲锋、撤退等阵形，重点演练他独创的“鸳鸯阵”法。通过这些训练来提高部队的整体作战能力。

经过较长时间的系统的军事训练，戚继光在义乌招募的四千人马确实成了一支素质过硬、能征惯战的劲旅，在以后的战斗中立下了赫赫战功，戚继光和这支部队也因此威名远扬，百姓们亲切地称这支部队为“戚家军”。

五、台州之战

嘉靖三十九年（1560年），戚继光任金严参将，具体负责台州、金华、严州三府的防卫事宜。到任以后，他采取了一系列行之有效的措施来整饬当地的防务。首先他请求上级给他便宜行事的权力，得到了上级的批准以后，他还要求设立监军，不久上级就派来了唐尧臣作为他的监军，有了唐尧臣很好地配合工作，戚继光更是如虎添翼。其次，戚继光还整顿了卫所，创建了水军，这样就使卫所中的老弱病残得到了补充和替换，部队的战斗力大为增强。为了便于海上作战，戚继光还打造舰船，训练水军，为将来的水陆配合、共歼倭寇打下了基础。此外，他还建立了防区的瞭望和报警系统，加强了防区的侦察和反应能力，调整了防区的力量部署，使各部队之间的联系和配合更为紧密。经过戚继光一段时间的整顿，整个防区的防御力量得到了很大的提高。

嘉靖四十年（1561年）四月，倭寇大举进犯浙江地区，沿海一带的象山、奉化、宁海等地区纷纷传来倭寇登陆的消息，他们聚集数百艘战舰，纠集一两万人马，蜂拥而入，一时间浙江的形势十分紧张。其中，约有两千余名倭寇聚集在宁波、绍兴一带观望，伺机入侵台州府。当得知台州一带防守甚严之后，便流窜到宁海一带烧杀抢掠，企图吸引台州府城、松门和海门一带的明军力量进行支援，而后可以乘机攻占台州府。戚继光得到情报之后，对敌情进行了分析与判断，并针对敌情的变化进行了相应的部署，命部将率领一部分兵马分别守卫海门和台州府，自己则亲率主力部队赶赴宁海拒敌。

在侦知戚继光的动向之后，倭寇们也随即调整了部署，他们得知戚继光去了宁海，台州府守备空虚，就兵分三路同时向台州进发。其中一路约有五百余

人，向桃渚方向进攻；另一路也是五百余人，向新河方向进犯；第三路约有两千余人，分乘十八艘战船，停泊在健跳的圻头，随时威胁健跳的安全。戚继光得到情报后，迅速分析了情况并向上级做了报告，根据自己的判断和上级的命令，决定首先歼灭新河地区的敌人。倭寇们先在新河城外各地抢劫一番，然后集结到新河城外，准备攻城。四月二十六日拂晓时分，倭寇们进逼城下，恰在这时，戚继光的援军出现，原来，前一天戚继光在宁海得到情报后，已经命令镇守台州和海门的部分兵马援助新河。双方猝然相遇，展开激战，时间不长，倭寇们抵挡不了戚家军的猛烈攻击，匆匆后退，一路退到城南寺前桥一户姓鲍的官员的院子里。鲍家大院的房屋和院墙较为高大、坚固，门口较小，易守难攻，于是明军采取了围而不攻的策略，双方整整对峙了一个上午，明军并不派士兵靠近，只是用鸟铳和弓箭进行攻击，倭寇死伤不少。下午，倭寇组织兵力进行突围，结果被明军打了回去，双方一直对峙到天黑。看到进攻无望，明军退回新河城内，这时倭寇们乘着夜色，仓皇往温州方向逃去。次日清晨，明军将领胡守仁、楼楠率军追击，追到温岭附近，再次大败倭寇残部。新河一仗下来，倭寇伤亡惨重，明军斩获颇丰，溃逃的敌人向乐清方向奔去。

在新河之战的同时，战场的形势又发生了变化，原来攻击桃渚方向的敌人，并没有攻击桃渚，而是向桃渚南部进犯，直接向台州方向进攻，戚继光判断出敌人的最终目的，于二十六日夜急行军至桐岩岭附近，作了一次短暂的休息，于拂晓时分向台州府进发。这时明军已经断粮数日，士兵们又饥又饿，戚继光决定到达府城之后，先让士兵们吃顿饱饭，好好休息一下，然后再去御敌。不料，刚进城不久，士兵们还没有来得及做饭，倭寇的前锋部队已经窜至距城只

有二里的花街，敌我形势很是危急，戚继光一面命令伙夫做饭，一面命令士兵准备战斗，只听他一声令下，已经十分疲惫的士兵立刻抖擞精神，决心打完这一仗再吃饭。一通战鼓响过，戚家军立即展开阵形，迎着敌人冲了上去，士兵们配合娴熟、进退有据，鸳鸯阵发挥了巨大的威力，明军越战越勇，而倭寇们很快乱了阵形，双方刀枪的撞击声，倭寇的惨叫声，明军士兵的喊杀声，不绝于耳；倭寇们不能支持，纷纷败下阵来，戚继光抓住机会，命令士兵猛冲猛打，追杀残敌，战斗很快就结束了，明军不但杀敌无数，而且还解救出了许多被掳的民众。等到大部队打扫完战场，回到城里，伙夫们的饭还没有做好。

于前几日泊于健跳地区的倭寇，在四月二十八日登陆，并且在五月初进犯台州府城东北部的大田镇，企图从大田镇进攻府城。而此时戚继光身边只有一千三百余人。面对强敌，他鼓励士兵不要惧怕。在勘查完地形之后，戚继光决定在大田岭地区打敌人一个伏击。但是倭寇们也发现大田岭是一个打伏击战的好地方，于是他们也暗中设下埋伏，双方都等待着对方出击。时间一长，倭寇看明军按兵不动，决定放弃进攻台州的计划，退兵到大田中渡，企图进犯仙居，并自仙居向处州一带进军。面对敌情的变化，戚继光认为，敌人要从小路进入处州一带，必先经过上峰岭，上峰岭一带是山区，多峻岭崇山、荒树野草，地势险要，易于隐蔽，于是他决定在这一带再次伏击敌人。

他命令一支部队跟在敌军的后面，佯装追击，自己亲率大队人马先到达上峰岭地区，做好了伪装，埋伏起来。等明军士兵做好准备之后，倭寇的大队人马才慢悠悠地来到上峰岭，他们满以为戚继光还在后面远远地追赶呢。倭寇们的队伍在山上列成长长的队伍，前面和后面都是一些精锐，而中间则是些老弱病残。戚继光等倭寇过去了一大半，才命令士兵发起攻击，把敌人从中间截成两截，使他们首尾不能相顾。明军士兵居高临下，枪炮齐发，倭寇们遭到突然袭击，死伤无数，慌作一团，等他们回过神来，明军士兵早已冲到了眼前，这时尾随倭寇的那一支明军也赶了过来，几路明军将倭寇团团围住，一阵冲杀，

将倭寇们杀得横尸遍野、哭爹叫娘，倭寇首领一看势头不对，便带领部下抢登上界岭，其余不及跟随者纷纷投降。上界岭四面陡峭，只有一条路可以攀登，明军士兵勇猛冲杀，尾随敌人攻上山头，在山头又是一阵厮杀，倭寇们被杀得四处逃命，被杀的、自杀的、坠崖的，乱成一团，只有很少一部分人滚下山头，逃往水洋方向，逃进了朱家大院。明军士兵顺势把朱家大院团团围住，用弓箭和鸟铳攻击，而倭寇们也以这些武器进行还击，最后明军用火药和火箭引燃了朱家大院，倭寇们突围不成，走投无路，自杀的、投降的比比皆是。明军在戚继光的指挥下最终取得了胜利，杀敌较多，并且俘虏了一些倭寇的头目，缴获倭寇的兵器近两千件，自己伤亡却很小。

经过了新河、花街、上峰岭的战斗以后，五月十七日，前几次战斗中逃跑的倭寇聚集起来，重整队伍，两千余人在太平（今温岭市）的长沙一带登陆。上岸以后，他们构筑工事，建立巢穴，并且劫掠百姓财富，准备在此地长期据守，等到来年再返回国内，在据守的同时还企图向南北两个方向扩大地盘。得到消息后，戚继光和部将还有当地的地方官员一起商议对策，最后决定用水军和陆军联合作战来围剿敌军。他率领陆军向长沙一带进军，同时命令水军从水上包抄敌人的后路。十八、十九日，明军冒雨前进逼近长沙，二十日清晨，明军隐蔽前进，突然出现在敌军面前。见明军士兵突然出现，倭寇们十分惊恐，仓促迎战，被明军迎头痛击，抵挡不住，纷纷向海上逃窜，不料又被明军水军拦住，加上倭寇的大部分船只被明军焚毁，许多人只得泅水逃跑，但海上风大浪大，下水的倭寇几乎全被淹死，没有下水的倭寇也在海滩上几乎全部被歼。还有一部分在开战前外出抢劫的倭寇，得知自己的老巢被毁以后，不敢回去，趁夜色逃到海上，也被明军水军如数歼灭。

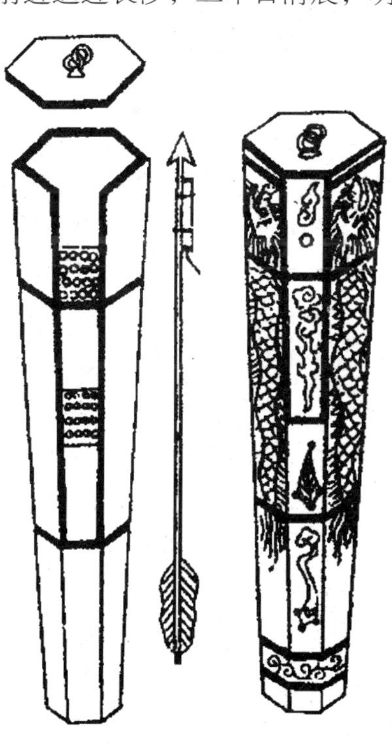

台州之战历时一个多月，经过了新河、花街、上峰岭等大小数次激战，戚继光成功地粉碎了倭寇进攻台州府的计划，共歼灭敌人五千有余，加之其他地区的将领也收获很大，这一

年进攻浙江省的倭寇基本覆灭。因为战功显赫，嘉靖四十年（1561年）九月，戚继光升任都指挥使。他带领的部队也声名鹊起，威名传遍了东南各省。经过朝廷的准许，戚继光又在义乌地区招募了两千人，这样使得部队的总人数达到了六千人。事实证明了戚继光的练兵方法是行之有效的，他的军事才能也是卓越的。在作战的间隙，戚继光写了军事著作《纪效新书》，专门谈论了练兵的方法，并且在作战中不断完善了鸳鸯阵法。

嘉靖四十一年（1562），倭寇又进犯温州，戚继光率兵出击，几乎全歼敌军。从此，浙江一带的倭患基本平息。

六、平定福广

在浙江的平倭战斗取得重大胜利以后，倭寇们基本放弃了对浙江一带的侵扰，而把侵犯的重点放在了临近的福建省。由于福建一带守备较为空虚，兵力较弱，又没有像戚继光那样的得力将领，所以倭寇在福建一带连连得手。自嘉靖三十七年（1548 年）起，倭寇在入侵浙江的同时，也在骚扰福建，从嘉靖三十四年（1555 年）以后，倭寇连续数年入侵福建，先后攻占了福清、福宁、宁德和永宁等地区，而且经过多年经营，倭寇在宁德的横屿和福清的峰头建立了自己的巢穴，长期盘踞于此，为害四方，福建的抗倭形势十分严峻。

鉴于本省的严峻形势和浙江的抗倭斗争取得的重大胜利，时任福建巡抚的游震请求朝廷派浙江省的军队进入福建，支援福建的抗倭斗争。朝廷最后决定派戚继光的六千余人和督府中军都司戴冲霄的两千余人赶赴福建作战，以副使王春泽为监军。

来到福建以后，福建监军副使汪道昆前来迎接，接下来宾主双方召开了联合作战会议，商讨了两省的部队如何协同作战的问题。经过较长时间的讨论，戚继光起草了作战条令，要求双方都要按照作战条令来行动，从而成功地解决了部队间协调的问题。他们还讨论了作战方案，决定首先攻打聚集在横屿地区的敌人，然后再逐个解决其他地区的敌人。戚继光仔细研究了横屿一带的地形和地貌，在八月初，又做了一系列的准备工作，对水军和陆军做了相应的部署，争取了当地民众的支持，加强了敌情的侦察工作，同时还对士兵做了战前的动员工作。

横屿是一个四面环水的小岛，只有在退潮的时候，才露出一片片的淤泥海滩，想要攻打横屿，必须在退潮时越过这片海滩。根据这种情况，戚继光决定

用草捆添泥的办法渡过泥滩，他命令每个士兵都准备一捆草备用。八月初八这一天，戚继光率领一路明军经由兰田渡向横屿进发，另一路明军由戴冲霄率领经由东山铺进军横屿。戚继光心里明白，如果部队不能在涨潮前破敌成功，不但不能解决横屿的敌人，而且登岛部队的后路也将被潮水切断，这样的话，整个作战计划将全盘失败。因此在作战前，他向士兵们讲明了情况，鼓励士兵们拿出破釜沉舟、背水一战的勇气和决心，歼灭岛上的敌人，并且他将亲自为士兵们擂鼓助威。将士们士气高昂，紧张有序地按照事先演练的方法奋勇前进，鼓声停息，便休息片刻；鼓声响起，继续前进。很快，戚继光的部队便到达了对岸，倭寇们没有想到明军能这么快登陆成功，匆忙在滩头摆开阵势，妄图将登陆的明军赶回泥滩之中，但明军士兵勇猛异常，他们很快列成阵形，密切配合，不大一会儿就占了上峰，压倒了敌军的气势。这时明军的预备队在戚继光的命令下也投入了战斗，明军士兵逐渐攻入了岛内，倭寇们渐渐不能支撑，开始乱了阵脚，有些倭寇已经开始逃窜，很快倭寇们的防线就全线崩溃了。明军很快捣毁了倭寇的巢穴，并将之付之一炬，岛上的倭寇也几乎被消灭。明军迅速打扫了战场，并返回了出发地点，这时潮水刚刚开始上涨。戚家军杀敌近四百余人，解救出民众八百多人，取得了入闽作战的首次胜利。

经过一段时间的补给和休整以后，八月二十九日，明军集结于福清。福清一带的情况更为复杂，倭寇与当地的山匪互相勾结、狼狈为奸，总数达到了数万之众，得知了明军的动向之后，他们摆开了一字长蛇阵，以杞店、上薛、牛田、西林、木岭、葛塘、新塘等地为营地，各处营地互相联通、依次相顾连成一线，一时间倭寇的营地绵延三十余里。面对这种情况，戚继光决定采取各个击破的办法消灭敌人。戚家军在九月一日夜奇袭杞店，消灭该处的敌人。戚继光料定其他地方的倭寇会在晚上偷袭明军，于是，他一面命令士兵休息，一面又派出大批的弓箭手、鸟铳手和其他军士埋伏在倭寇必经的路上。果然，在夜

里有一批倭寇准备偷袭明军军营，结果却中了明军的埋伏，几乎全军覆没。接下来，牛田、上薛等其他地方的倭寇也相继被明军击破，一部分残余的敌人向惠安方向逃去。

这一战结束以后，逃亡惠安的敌人觉得戚继光不会在福建停留很久，加上惠安一带较为荒凉，无财可劫，便又窜回兴化，在林墩一带安营扎寨，聚集了四千余人。林墩一带地形较为复杂，水网密布，陆地行军很是不便，只有一条路可以接近，倭寇们利用地形，构筑工事，拆毁了主要的桥梁，并且加强了道路的防守。

经过牛田一战，戚继光把部队带到了福清驻扎下来，并且派出侦察人员侦察敌人的动向，了解了敌情之后，制定了相应的作战计划。这一次，他深恐敌人经不住打击再次溃逃，于是使了个障眼法，先率领部队到达江口，而后在江口绕道进入兴化城，进城以后，他摆出一副部队要休整的样子，安排战士住宿，而后拜访了当地的一些士绅和名流，而且大摆宴席，一直喝到深夜。城里的奸细把这里的一切都告诉了倭寇的首领，倭寇们以为戚继光一时不会发动进攻，便又放松了戒备，安心地睡觉去了。等到午夜时分，戚继光悄悄地集结人马，趁着月色的隐蔽向林墩方向进发。等到天快亮的时候，明军发动了突然袭击，战斗进行得异常激烈，每一个关口，每一段道路双方都进行了惨烈的争夺，双方的伤亡都比较大，整个战场血流成河、尸积成山，倭寇们最终无法抵御明军的猛烈进攻，大部分被歼灭，余下的一小部分也在逃跑的途中被消灭。

天亮以后，明军打扫完战场返回城内，由于这次行动是秘密行动，许多百姓还不知道戚家军又打了一个大胜仗。当他们得知林墩的倭寇被消灭以后，高兴万分，立即自发组织起来，敲锣打鼓，慰劳大军。戚继光则忙于抚恤受伤和阵亡的将士。他身着缟素，设案焚香，拜祭在历次战斗中阵亡的将士英灵。

由于连续作战，士兵伤亡较多，部队已较为疲惫。十一月初，戚继光班师回浙江休整，福建各地的官员和民众苦苦挽留，戚继光很是感动，许诺尽快从浙江

回来继续平倭。在历时一个多月的平倭战斗中，戚继光结识了许多福建的同僚，并与福建监军副使汪道昆成为知己。由于在福建平倭有功，嘉靖四十二年（1563年），戚继光升任署都指挥佥事，同年十二月，升任副总兵，负责浙江的温州、处州二府和福建的福宁州和福州、兴化二府的平倭工作。

戚继光回到浙江以后，福建的倭寇们就得知了消息，他们弹冠相庆，又猖獗了起来，先是集中大队人马攻陷了福宁和政和两地，又包围了福建省的政治经济要地兴化，并巧施诡计，于十一月二十八日深夜攻陷兴化城，在掠杀完毕之后，倭寇们主动放弃兴化，占领平海卫，盘踞于此，伺机出海逃窜。兴化府城陷落以后，朝廷很是震动，调新任总兵俞大猷和副总兵戚继光入福建作战。俞大猷先入福建，与倭寇形成对峙局面，并且动用水军切断了倭寇从海上逃跑的路线，以待戚继光到来之后，能合兵一处，共击敌军。

戚继光上任以后，上书朝廷要求补充兵力，得到许可后，于嘉靖四十二年二月再次到义乌募兵，半月左右就招到一万余人。三月初，戚继光率领新兵开赴抗倭前线，一边行军，一边训练，于四月十三日到达福清，四月十九日与俞大猷部汇合。

得知戚继光重新进入福建以后，倭寇们很是害怕，他们先是打算把劫掠的财富运回国内，在受到明军的打击后，又被迫返回原地，无奈之下，移营许家村，凭借有利地形安营据守，随时准备从海上逃跑。四月二十日，福建巡抚谭纶和监军汪道昆在渚林召集前线将领戚继光、俞大猷、刘显等召开作战会议，会议商定由戚继光部作为中路，以俞大猷部、刘显部作为左右两翼，分三路进攻许家村。第二日凌晨，戚家军趁着黎明前的黑暗，兵分三路向许家村进军，黑暗中只是听到阵阵紧张而有序的脚步声，上万人的队伍没有发出任何其他的声响。许家村越来越近了，天色也渐渐亮了起来，突然前面传来阵阵的马蹄声，原来倭寇已经发现了明军的行踪，他们派出了骑兵和步兵攻击明军。戚继光命令部队迅速展开阵形，以前队的火器向敌人齐射，霎时间枪炮齐鸣，硝烟四起，

枪炮响处，敌人人仰马翻，剩余的战马受惊，四处乱窜，有的倭寇被当场打死，有的被受惊的战马踩死、拖死，后面的步兵要躲避战马，也阵形大乱。明军趁势发动进攻，双方搅在一团。这时明军的两翼部队也赶了过来，三路并起，猛冲猛杀，很快将倭寇击退，并趁势杀进许家村倭寇的老巢，顺风放起一把火，将倭寇的营盘烧成一团灰烬。第二天戚继光又命部将搜寻残敌，又斩杀了近二百人。至此，明军彻底荡平了整个平海卫地区。

平海卫一仗后，朝廷为了表彰戚继光的战功，升他为署都督同知。这次战斗以后，戚继光又率领部队在连江的马鼻岭和宁德的硝石岭一带消灭了部分倭寇。戚继光第一次离开福建时，入侵的倭寇已基本被消灭或者被赶回海上，福建一带一时间风平浪静，百姓也过上了一段相对安稳的日子。

趁着倭寇撤退的间隙，戚继光和福建巡抚谭纶对福建的防务进行了整治，他把自己带来的队伍分成两部分，一部分回浙江休整，一部分留在福建，两部分部队轮流防卫，并且把防区分为北路、中路和南路三部分，恢复水军的水寨建制，设立五个水寨，每寨船只若干，将士若干，这样福建的防守面貌一新，形成了一个较为完善的系统。

戚继光和谭纶刚刚部署完毕，倭寇们又趁秋汛集结起两万余人，准备重新入侵兴化一带，他们准备把抢掠的第一站放在仙游。十月底，倭寇们陆续在沿海一带登陆。面对凶猛的倭寇，戚继光命令各防区都要奋起抵抗，另外，他还派军官召回在浙江轮休的另一部分官兵。十月，戚继光被正式任命为总兵官，负责浙江和福建共九州一府的防务。十一月初，戚继光和谭纶等从倭寇们的动向中判断出他们有进犯仙游的可能性，便一面率领部队向仙游进发，一面派小股部队预先进入仙游，协助当地守军守城。十一月七日，倭寇近万人将仙游团团围住，准备攻城。当时仙游城里的士兵并不多，只有区区几百人，这时，戚继光的部队还没有集结完毕，另一部分部队还没能够从福建赶来。为了给解除仙游之围赢得时间，戚继光一面派少量的士兵在仙游城北的铁山一带安营扎寨，牵制敌人；

一方面派少量的士兵不时地骚扰敌人，使敌人不能够专心攻城，他还命城中的守军假意与敌人和谈，迷惑敌人，拖延时间，同时还设置许多疑兵，虚虚实实，使敌人不能明白戚继光的真实意图和实力，既不能专心攻城，也不能分兵攻击其他地方。戚继光还故意施计从心理上打击敌人，他专门命人制造一些火炮，

与正常的火炮相比，这些火炮的后膛要薄了许多，在把这些火炮运往仙游的途中，故意引诱敌人来抢，倭寇们得手后非常高兴，在第二天攻城的时候，倭寇们把那些大炮摆在阵前，要炮轰仙游城，谁知道当点燃大炮时，所有的大炮几乎全开了后膛，倭寇被炸死炸伤了好几百人，看到这种局面，倭寇们十分沮丧，不得不匆匆收兵了事。而城中的军民看到这一场景却备受鼓舞，信心大增。这些看似简单的方法却有力地支持了城中的军民，使得仙游城不至于在短时间内被攻破。

在采取这些措施的同时，戚继光还考虑到了福建其他地方的抗倭工作和省府福州的安全。他把整个福建的抗倭工作看作一个整体，把有限的兵力做了有效的安排和部署，使全省各地的安全都有了一个保障。他还为下一步围歼仙游之敌做了较为充分的准备，从东、南两个方向加强了防守，加上在仙游城北牵制敌人的力量，可以有效地防止敌人从三个方向逃窜。

等到轮休的队伍到达以后，戚继光根据侦察得来的情报，召集将领宣布了具体的作战计划。他认为自己的兵力和倭寇不相上下，而敌人却分布在四个城门，应集中兵力将敌人各个击破，先围歼南门外的敌人，然后再从两翼进行突破，击败东、西两门外的敌人，这样一旦成功，北门之敌将不攻自溃。十二月二十五日清晨，下了一夜的大雨停了，浓浓的大雾笼罩着整个仙游地区。明军士兵在大雾的掩护下摸向敌营，直到城下，才发现倭寇们正在用器械攻城。明军迅速列好阵形，冲了过去。倭寇们慌忙放弃攻城，掉头对付眼前的明军，戚家军兵分几路，将整个南门外的倭寇团团围住，一阵冲杀，将倭寇逼入营内，然后用火将整个营盘引燃，不消片刻，南门外的倭营便化为浓烟和灰烬，残敌逃往东门。明军士兵按照作战计划，一路追杀过去，又将东、西门的倭营击破，

敌人招架不住，又逃往北门，明军士兵在戚继光的督战之下，又重创了残余的敌人。余下的敌人溃退，后又向泉州、惠州两个方向逃去。明军在戚继光的领导之下，不但解了仙游之围，而且重创了倭寇。后来，戚家军又在王苍坪、蔡坡岭两个地区大破倭寇，福建的倭患基本平息。

嘉靖四十四年（1565 年），在福建落败的倭寇逃到临近的广东省，与当地的倭寇汇合，并且勾结当地的海盗吴平，形成一股势力，危害较大。戚继光又和俞大猷配合作战，合力围剿海盗吴平和当地的倭寇，两部在南澳一带大破吴平部，歼灭敌人六千余人，解救出民众近两千人，但匪首吴平败逃到广东饶平的凤凰山，戚继光和俞大猷各派部将合力攻打凤凰山，几次均未成功。吴平趁机逃到潮州，戚继光亲自率部追到潮州进行围剿，吴平力不能敌，又逃到广东的雷州和广西的廉州，后来吴平在今越南境内的安南一带被明军消灭。

嘉靖四十五年（1566 年）以后，朝廷任命戚继光为福建总兵同时兼管广东省的惠州、潮州两府，还兼管江西省的南安、赣州两府，他不仅要负责防御海上倭寇的侵袭，还要防备内地的山贼作乱。面对朝廷对自己的信任与重托，戚继光决心大干一场。他针对具体的问题，提出自己的主张与建议，为这些地方创造了一个较为稳定的发展环境，当地的百姓们也过上了较为稳定的生活。

经过了十余年的征战，明朝东南沿海的倭患也基本平息，已经人到中年的戚继光不仅带出了一支能征惯战、声名远扬的队伍，为国家和民族立下了不朽的功勋；同时，他在军事战略和战术思想上也已经成熟，他的军事才能和指挥艺术也在战争当中大放异彩，他成为当时乃至中国历史上的著名将领和军事家，但这时的戚继光仍然是谦虚的、谨慎的，他想为国家和民族更多地贡献自己的力量和才华。

七、北戍辽蓟

嘉靖四十五年（1566年），明朝嘉靖皇帝去世，他的儿子明穆宗即位，以第二年为隆庆元年。此时，南方的倭患已经基本平息，而北方蒙古鞑靼部的不时南下侵扰，成为明朝政府面临的突出问题，朝廷一直在考虑解决问题的办法，这一年的九月，蒙古俺答部进犯山西，土蛮进犯蓟州，整个京师地区一片恐慌。十月，朝廷决定调戚继光来京师任职，以解决国家北部所面临的敌情。

十一月，戚继光告别战斗多年的江浙地区和民众，祭扫了在平倭战斗中阵亡的将士祠堂，也辞别多年的同事和朋友，来到明朝的都城北京。戚继光刚到北京，就上书朝廷，陈述了自己对于北方的边情和抗击鞑靼的具体策略与办法，要求朝廷拨给自己士兵和行事的权力，着手训练，积极防御，以求改变北方边境的被动局面。但由于朝廷听信流言，对戚继光不够信任，只是让他在北京任了一个神机营副将的闲职。但是，由于北方战事的吃紧，加之朝廷中的一些大臣如内阁辅臣和兵部左侍郎谭纶等的大力支持，朝廷最终决定让戚继光出任总理蓟、昌、保定练兵事务一职。上任以后，戚继光又面临和当地总兵的权力分配问题，于是在隆庆三年（1569年），朝廷调回蓟镇总兵郭琥，任命戚继光为蓟镇总兵，负责蓟州、永平、山海各处的防务工作。

戚继光认为，北方少数民族擅长骑射，只有能够抵御蒙古骑兵的长箭和猛烈的集群冲击，才能在战争中取得胜利，进而才能守住边境不受侵犯。他还认为车战是防御敌人的最好战术，主张用战车来装备车兵，然后把步兵、骑兵和车兵混编在一起，以战车来防御和打击敌人的骑兵，同时用步兵来保卫战车，以骑兵来保卫步兵和追击敌人，这样形成了一个较为严密的攻防作战系统。戚继光上任不久，即着手建立车步骑营，朝廷为此专门拨银两用于制造战车和车

载的火器。后来，戚继光共建成战车营十二座，每座车营分别装备轻车和重车近三百五十辆，重车每辆车配备大约二十名士兵，装备火炮两门，鸟铳和火箭若干，齐射的火力相当猛烈，士兵们也分工合作，有的负责驾车，有的负责操纵火炮，有的负责火箭，同时配备长刀和藤牌负责防御，每辆战车还装有又长又厚的车厢，用以防御敌人射来的火箭和石头。另外，每辆战车还有专人负责本车士兵的伙食。整座战车营还有指挥官专用的指挥车，专门的火箭车和大将军车，其中大将军车上载有威力较大的大口径火炮，整个车营的防御性能也特别好，列起阵来可以防御敌人骑兵马队的正面冲击和强弓长箭的射击，很好地遏制了敌人骑兵威力的发挥。另外，战车营还装备了许多不同口径的火炮、大量的鸟铳和火箭，在战斗中，各种火力搭配，形成梯次，可以连续轮番射击，大面积杀伤敌人的骑兵马队。

战车营、步兵营和骑兵营要配合使用。骑兵营和步兵营也配备大量的火器，但步兵营的主要功用在于保障战车营的安全；骑兵营的主要职责在于驱赶靠近战车营的敌人骑兵，使其不能杀伤我军的士兵。另外在敌人溃逃之时，骑兵营要整队出击，有效地追击和歼灭敌军。车、步、骑三营配合，可守可攻，先守后攻，威力十分强大。但这样的配合却也带来了日常训练的复杂性，由于北方士兵的纪律性较差，戚继光请求朝廷把他原来部队的一部分调到北方作示范训练，并且根据实际情况，亲自编写了练兵法则和条例，采取了循序渐进的方法进行训练，先是单兵训练，然后是士兵之间的配合演练，最后是兵种之间的协同作战演练，力争使整个体系的作战威力达到最佳状态。经过长时间训练，这种编制的合成兵种终于可以有效抵御敌人的进攻了。

根据敌人的骑兵出没不定、机动性强的特点，戚继光还主张修缮边墙和敌

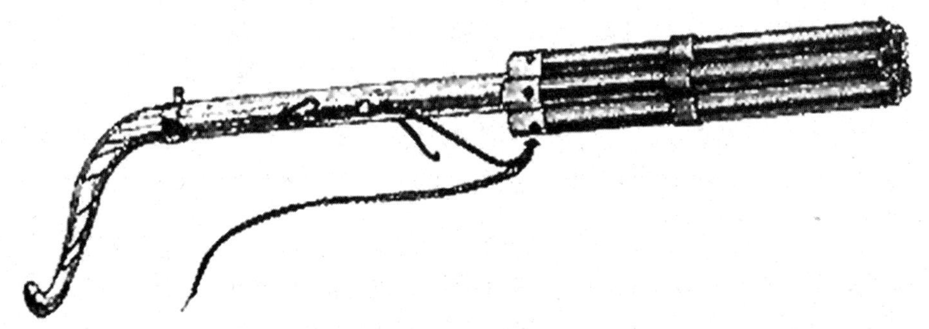

台预防小股敌人的侵扰。隆庆二年（1568年）年底，戚继光请求朝廷拨专款用于修建空心敌台。所谓空心敌台，是一种类似于民间大院门楼的建筑物，一般依地势而建，台高约十米，长和宽各有五十米左右，中间是空心的，分为上、中、下三层，可容纳数十人居住；整个敌台是一个较为完备的系统，士兵们防守用的器械、设备和粮食等生活用品都存放于敌台里面。敌台不仅可以向远处瞭望，发现敌人，而且可以长期驻扎士兵，其作用相当于现代边境线上的边防哨所之类的设施。空心敌台是历代边防工事的首创，没有成熟的范例可以借鉴，为了便于修建，戚继光制定了修台的规则，在选址、用料、建筑标准上都做了具体的要求；他还亲自在防区内实地考察，对防区内的山山水水做到了然于胸。除此之外，他还让弟弟山东把总戚继美留在蓟镇修筑敌台，为各地的筑台工作树立一个榜样。尽管敌台的修筑并不是那么顺利，始终受到流言的干扰和朝廷当中某些官员的反对，但是在戚继光的督导之下，到隆庆三年（1569年），共修建敌台四百七十余座，这些敌台大都修建在边防线上的要害之处，地势险要、易守难攻，守边的士兵无需像以前那样饱受风霜雪雨之苦，而且能更好地抵御外敌的入侵，这些敌台在明朝的边防中发挥了重大的作用。由于敌台是大批量的建造，加上戚继光的正确引导，修建敌台的费用并不太高，到明朝万历九年（1581年），蓟、昌二镇共修建敌台一千四百余座，这些敌台之间相互联系，互相依托，使蓟北地区的防务有了一个较大的改善。

除了修建敌台之外，戚继光还对防区内边墙进行了整修，把前人修过的边墙进行了增补，高达到了七八米、宽达到了五六米，这样一来，防区内长达一千八百余里的疆界上，除了特别陡峭的地方外，都有了边墙的防守。戚继光不但整修了边墙，而且将边墙的附属设施加以完善，增设了宇墙，改造了垛口，设置了悬眼和里门，另外还在边墙的外面，挖出堑壕，把墙外面的山坡铲得更加陡峭，还挖掘了品坑，这样边墙的防御作用就大大增强了。

敌台、边墙和墙内的营垒，形成了一个较为完整的防守体系，戚继光还给

这些工事配备了组织严密的防守力量，他奏请朝廷，在敌台和边墙上派驻很多长期驻扎的守军，给这些士兵配备了火炮、神快枪、火箭、石炮等当时十分精良的武器装备。

除了防御工事和驻军以外，戚继光还建立了严密的报警系统，他设立了专门的明哨和暗哨以及报警的墩台。明哨就是戚继光部派遣的情报人员，这些人员定期深入到敌人生活的地区，化装成当地人的模样，说着当地人的语言，借机收集敌方的情报。所谓暗哨就是各个防区的负责人，派人到指定的地点埋伏起来，观察敌情，一旦敌人有了新的动向，这些人马上回来报告情况。除了大量的情报人员之外，戚继光还在防区内建立了近六百座烽火台，并且规定了传播消息的暗号，如果一个地方发现敌情，很快各个防区都可以得到消息，这样就便于戚继光和各个防区的指挥官们分析敌情，抓住战机，做出判断。

戚继光还根据防区内的地形和地貌的不同，把全防区分成十个小的防区，各个防区指定专门的将领负责，分区进行防守。对士兵和将领进行思想教育，制定了连坐法和保结法，如果作战不力导致主将战死，那么所有偏将斩首；偏将战死，手下所有千总斩首；千总战死,手下所有百总斩首等等，以此类推直到普通士兵。同时，上级也要教育并保证自己的下级能够奋勇杀敌，不能怯阵畏缩。这样的方法虽然很是严酷，却使得将领和士兵能够上下一心、奋勇杀敌。

隆庆六年（1572年），借朝廷官员巡视的机会，戚继光举行了一次大规模的军事演习，演习不但检验了练兵的成绩，而且也取得了良好的效果，鼓舞了士气，震慑了敌人。

戚继光在任的那一段时期，威胁戚继光防区的蒙古势力主要有三股：一股是西部的鞑靼俺答部、附近的朵颜、秦宁、福余三卫和东部的土蛮部。自隆庆二年年底，朵颜部的首领董狐狸率部数次进犯明朝边界，均被戚继光击溃，界岭口一战，董狐狸几乎被活捉，后又经过两次战斗，戚继光俘获了他的弟弟长秃，慑于明军的战斗力和戚继光的威名，董狐狸率部到喜峰口请罪，并表示愿意世代臣服，戚继光接受了他的请求，并释放了他的弟弟。在戚继光的任期内，他们再也没敢侵犯边境。隆庆四年（公元1570年），俺答和土蛮集结了近三十万人准备进犯北部边境，土蛮得知了戚继光已经有了充分的准备，没有敢于进犯，后来俺答部和明朝朝廷达成和解，土蛮部虽然扬言攻抢，但慑于戚继光的名号，终于没敢付诸实施。另外，戚继光还两次支援辽东地区，配合友邻击溃了土蛮的进攻。戚继光镇守蓟辽地区，有力地保障了京师一带的安全，巩固了明朝北方边境的安全，成为名副其实的“塞上长城”。

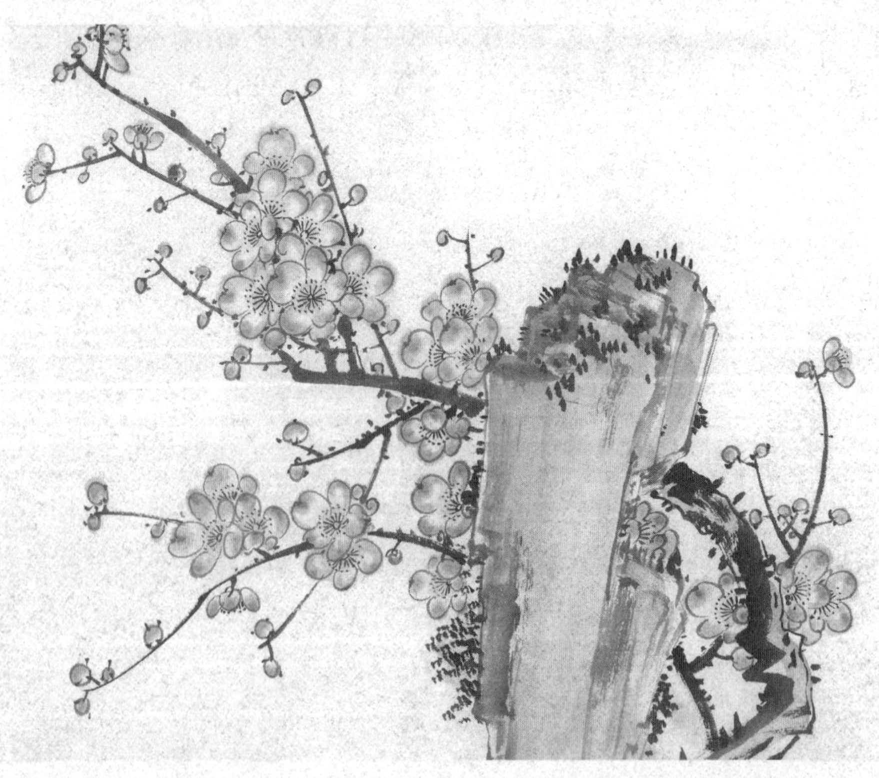

八、凄凉晚年

明万历十年（1582 年），著名的政治家、内阁首辅张居正病逝。他在任期间，实行一系列的政策，对明朝生产的发展、国力的增强贡献颇大，他也是戚继光在朝中的支持者之一，戚继光在戍守蓟辽期间取得的很多成就都与张居正和谭纶等一些较为开明的官员的支持分不开。但由于张居正在任期间的一些改革措施触犯了某些权贵的利益，这些人在张居正去世以后，对他进行了污蔑和栽赃。在一些人的煽动之下，张居正去世一年后，对他的清算活动也变得猖狂起来，张居正的谥号、赠衔也被剥夺，家被查封，连他的儿子也被逼死。

戚继光和张居正的关系较为密切，因此清算张居正的风潮也殃及了戚继光，一些人诬陷他和张居正有谋反的趋向。这时，戚继光在朝中的另外一个支持者谭纶也已经去世，于是在万历十一年（1583 年），戚继光被调往广东省任总兵官，这一变故对于一心想建功立业的戚继光来说，无疑是一个沉重的打击。这一年，戚继光 55 岁，这个年龄对一个优秀的军事家来说，正是成熟的时期，他在军事谋略和思想上都达到了一个高峰。失去了在北方建功立业的机会，戚继光一夜之间似乎老了许多，也许在许多人看来，这是一个不可多得的好机会，因为南方早已没有战事，戚继光正好可以趁机好好休息，享受一下天伦之乐；另外在清算张居正的风潮中，戚继光没有被罢官、免职，也已经是朝廷对他的恩典了，但对于有着雄才大略和雄心壮志的戚继光来说，更多的是一种精神上的折磨和打击。事实上，不仅戚继光受到了牵连，而且他的弟弟戚继美和

戚继光以前的许多部将也被罢官、革职。

当地百姓对戚继光苦苦挽留，他们很珍惜戚继光为蓟镇的平安与稳定所做的一切，但戚继光却不得不服从朝廷的命令，赶赴广东。戚继光虽然已经离开了北方的边境，但当地的百姓却久久怀念他的功绩。万历十一年（1583年），戚继光回到了阔别二十余载的故乡，看到故乡的一草一木，看着自己曾经生活过的庭院，戚继光感慨万千，自己离开故乡时，英姿勃发、血气方刚，是一名初出茅庐的少年，而今二十余年过去了，自己早已不再是年轻人了，二十余年的征战生涯已使他几乎满头白发。在故乡小住数月，当年的八月份，戚继光又来到了当年抗倭的主战场之一——浙江，与当年挚友汪道昆再次相聚，老友相见，戚继光少不了把盏痛饮几杯，诉说心中壮志难酬的郁闷与失落，而汪道昆也早就脱离了宦海的沉浮，对人世沧桑也看得较为淡泊，面对戚继光的闷闷不乐，自是少不了一番劝勉。时值中秋节，与一些老朋友的相聚和诉说也解去了戚继光心中的不少忧愁。中秋节过后不久，戚继光到达广东上任，由于这里的倭患早已平定，武将大都无所作为，除作战以外，军中的大小事务，均由文官负责，这些文官大都对军事和军营的管理一窍不通，只顾自己敛财，很少关注军队的建设和士兵的温饱，这一切都让一向正直的戚继光难以忍受。而文官治军是明朝的惯例，单凭他一个人的力量又怎么能够改变呢。于是在上任不久后，戚继光便要求引退，但由于他个人的威望和地方官员、民众的请求，朝廷没有批准他的请求。尽管他对自己的处境不很满意，身体状况也大不如从前，但还是拖着带病之躯巡视了广东沿海各地区，检查了各地的防务和军备，还对自己的直属部队进行了整治，使这支部队的军容有了很大的改观。

在主持日常工作的同时，戚继光把他的大部分精力和时间放在了整理过去的著作上面。从少年时代开始，无论是在家还是在外作战的间隙，戚继光一直没有停止过写作，不管是即兴赋诗，还是对于国家和军队的各种问题的思考，他都用笔写了下来。万历十二年（1584年），他在自己原来的著作《纪效新书》和《练兵实纪》的基础上，重新整理出了一部新的《纪效新书》，同时还对另一

部著作《止止堂集》重新进行了整理。

万历十二年（1584 年），由于朝廷当中反对张居正的风潮愈来愈烈，有些大臣上书弹劾戚继光，加上戚继光上书请退，朝廷在十一月罢免了戚继光的总兵官职。戚继光终于告别了他的官宦生涯，要回到自己的家乡了。恰在这时，他的弟弟戚继美在贵州总兵的职位也被罢免，听到弟弟也即将回乡的消息，戚继光非常高兴，兄弟俩已经有好几年没有见面了；由于父亲去世较早，戚继光与夫人王氏对戚继美的生活一直很是照顾，兄弟二人的感情一直很好，这次任职戚继光在广东，而弟弟则远在贵州，加上年岁渐老，他很想念自己的弟弟。但是，令戚继光万万没有想到的是，在他回乡的路上，却得到了弟弟已经因病去世的消息。原来，戚继美特别喜欢的二儿子不幸早亡，戚继美悲伤过度，也染病身亡。得到弟弟去世的消息，戚继光万分悲痛，他和侄儿寿国一起把弟弟戚继美和弟媳的灵柩安葬在家乡的墓地里。时间虽然过去很久了，戚继光却没有能够从丧弟之痛中解脱出来。

由于一生为官清廉，加上对部下较为慷慨，戚继光一生的积蓄并不多，恰在这个时候，他的结发夫人王氏带走了他的全部积蓄回了娘家，并且不再回来。戚继光十几岁时与王氏结婚，王氏也是大户之女，女中豪杰，在抗倭斗争中也曾披挂上阵，率领妇女守卫城池。虽然王氏性情刚烈，但对戚继光一往情深，婚后两人的感情一直很好，但王氏只给戚继光生了一个女儿。在古代的中国，人们认为“不孝有三，无后为大”，没有儿子，成了戚继光日后纳妾的一个理由。后来，戚继光背着妻子纳妾沈氏。一年之后，沈氏仍没能够给戚继光生子，戚继光于是再纳一妾陈氏。陈氏一连给戚继光生了三个儿子，即戚祚国、戚安国和戚报国。在陈氏生了戚祚国后，沈氏也生一子，戚继光为他取名为戚昌国。但是戚继光在外面纳妾生子，王氏长期以来竟一无所知。如果说戚继光纳妾仅是为了生个儿子“传宗接代”，那么，陈氏和沈氏已经给他生了儿子了，他应该达到目的了。但出人意料的是，戚继光后来又纳一妾杨氏，杨氏给戚继光生了儿子戚兴国。纸里终究包不住火，王氏终于知道了丈夫的所作所为，不禁勃然大怒，竟操起利刃欲杀了戚继

光。戚继光为防妻子真对自己痛下杀手，就身穿铠甲去见妻子，在妻子面前放声大哭，边哭边解释自己娶妾实在只是为了生个儿子传宗接代。事已至此，王氏扔掉兵器，与戚继光抱头痛哭，原谅了丈夫的过错。另外王氏毕竟年纪大了，也觉得应该有个儿子为他们养老送终。所以，尽管对戚继光背着她娶妾的事情怒气难消，但戚家有了儿子，也让她感到欣慰。戚继光的五个儿子中，她最喜欢戚安国，将其视若己出，关怀备至，戚继光的家庭生活遂又归于平静。但戚继光背着夫人在外纳妾的事情已严重伤害了他与王氏之间的感情。后来，王氏最喜欢的戚安国婚后不久便不幸死去了，王氏遭此打击，万念俱灰，竟抛下年老多病的戚继光回了娘家。戚继光回故乡蓬莱后度过了两年的寂寞时光，就在他去世前几个月，御史傅光宅上疏朝廷，请求重新起用戚继光，竟遭了朝廷对他罚俸两年的处分。从此后，便再也没有人敢在朝中提及戚继光了。一代抗倭名将、民族英雄，到头来竟被自己所效忠的朝廷视为蔽履，这是戚继光个人的悲剧，也是整个大明王朝的悲哀。

在恶劣的生活和政治环境的摧残与折磨下，戚继光突然病发，于万历十五年（1588 年）十二月二十日，凄凉地离开了人世。直到他去世很久，朝廷才赠予他“武庄”的谥号，又过了几年，才为他建立了祠堂，以纪念他为国家和民族作出的巨大贡献。

戚继光已经永远地成为了历史，但他建立的不朽的功勋和他卓越的军事才能却成为一座丰碑，深深地扎根于后人的心中。